# 实践理性批判

(注释本)

[德]康德 著

李秋零 译注

# 目录

科学院版编者导言 —— 001
前言 —— 001
导论：一种实践理性批判的理念 —— 012
## 第一部分　纯粹实践理性的要素论 —— 015
### 第一卷　纯粹实践理性的分析论 —— 017
#### 第一章　纯粹实践理性的诸原理 —— 017
第1节　解说 —— 017
第2节　定理一 —— 019
第3节　定理二 —— 020
第4节　定理三 —— 025
第5节　课题一 —— 027
第6节　课题二 —— 027
第7节　纯粹实践理性的基本法则 —— 029
第8节　定理四 —— 032
一、纯粹实践理性诸原理的演绎 —— 040
二、实践理性在实践应用中作出一种它在思辨应用中本身不可能作出的扩展的权限 —— 048
#### 第二章　纯粹实践理性的对象的概念 —— 054
纯粹实践判断力的模型论 —— 064
#### 第三章　纯粹实践理性的动机 —— 067
对纯粹实践理性批判的分析论的批判性阐明 —— 084

### 第二卷　纯粹实践理性的辩证论ꎬ101
#### 第一章　纯粹实践理性的一般辩证论ꎬ101
#### 第二章　纯粹理性在规定至善概念时的辩证论ꎬ103
一、实践理性的二论背反ꎬ106
二、对实践理性的二论背反的批判性消除ꎬ107
三、纯粹实践理性在其与思辨理性相结合时的优先地位ꎬ112
四、作为纯粹实践理性之公设的灵魂不死ꎬ114
五、作为纯粹实践理性之公设的上帝存在ꎬ116
六、总论纯粹实践理性的公设ꎬ123
七、如何可能设想纯粹理性在实践的意图中的扩展却不同时由此扩展其思辨的知识？ꎬ125
八、出自纯粹理性的一种需要的视之为真ꎬ132
九、人的认识能力与人的实践规定明智地相适合的比例ꎬ136

## 第二部分　纯粹实践理性的方法论ꎬ139
结束语ꎬ151

中德人名对照表ꎬ154
后记ꎬ155

# 科学院版编者导言
## 保罗·纳托尔普（Paul Natorp）

埃德曼①已经使人们注意到，《纯粹理性批判》按照康德的初衷应当同时包含着纯粹实践世俗智慧或者道德形而上学的批判性奠基。一部专门的《实践理性批判》的计划很晚才出现，而且很值得花费力气去探索它的起源。

对这个批判计划的最早的清晰预告，即《1765—1766年冬季学期课程安排的通告》，已经谈到"整个世俗智慧的批判和规定"，它"作为一个整体"，应当"不仅对其认识的起源且对其错误的起源作出考察，而且草拟出持久而且合规则地修建这样一座理性建筑物所应当遵循的详细蓝图"②。稍晚③，康德预告了对"形而上学乃至整个哲学的独特方法"的研究。但是，他"把这部作品看做是所有这些计划的主要目标，想把它再放一放"，因为他还缺乏"能够具体地指出独特方法的例证"。出自这个理由，他想"先抛出一些较小的作品，对我来说，它们的材料是现成的，其中第一批将是《自然世俗智慧的形而上学初始根据》和《实践世俗智慧的形而上学初始根据》，这样，主要的著作就不至于因为详尽而又不充分的例证被过度拉长"。

当时，这些作品并没有写出。1766年4月8日致门德尔松（Mendelssohn）的关于此期出版的《一位视灵者的梦》的

---

① B.埃德曼：《〈纯粹理性批判〉编者导言》，见《康德全集》，第Ⅳ卷，573页以下。
② 《康德全集》，第Ⅱ卷，310页。[参见李秋零主编：《康德著作全集》，第2卷，313页，北京，中国人民大学出版社，2004。——译者注]
③ 1765年12月31日致兰贝特[Lambert]的信，见《康德全集》，第Ⅹ卷，53页。[参见李秋零编译：《康德书信百封》，18页，上海，上海人民出版社，2006。——译者注]

信①表明，康德打算直接奔向自己的重要目标。一位像兰贝特这样的人物探讨从方法方面把形而上学带上可靠道路的决定性思想的热情，至少强有力地促成了这一点。康德如他在1770年9月2日（连同呈送教授就职论文）写信对兰贝特说的那样②，决心向正直地追求理解的人呈交"我在其中审视这门科学的形象的一份清晰的草图和关于这门科学的独特方法的某种思想，不能比这更少了"。但是，教授就职论文作为与兰贝特的书信讨论的书面证明对他来说根本不够，他答应给兰贝特这整个科学的一个新草图，……"在很少几封信中"，但他为此还需要再利用一些时间……"用于恢复"！……"到今年冬天"，再把他"关于纯粹道德的世俗智慧的研究列入日程，并且加以完成。在这里，找不到任何经验性的原则，似乎可以说它就是道德形而上学"，为的是由此同时"为那些极重要的意图开辟道路"；这显然是在过去所宣告的意见中：为的是在对哲学的新的方法论奠基时已经能够指出具体的例证。

我们并不感到奇怪，这个意图的实施这次也搁浅了。自从康德看出"在纯哲学中方法就先行于一切科学，而在它的规定经过充分的检验和牢固的确立之前所尝试的东西，显然是贸然领会的，并且必然被抛弃到精神的空洞游戏里面去"③以来，尚未解决的主要课题必然对康德实施着一种更强大的吸引力。

这样，在1771年6月7日致赫茨（Herz）的信中，我们又发现他"正在详细地撰写一部作品，标题是《感性和理性的界限》，它包括了为感官世界规定的基本概念和法则的关系，以及对鉴赏力学说、形而上学和道德的本性的构思"。"整个冬天"——他想完成道德形而上学的同一个冬天——，他"翻阅

---

① 《康德全集》，第Ⅹ卷，66页以下。[参见《康德书信百封》，20~23页。——译者注]
② 《康德全集》，第Ⅹ卷，92~93页。[参见《康德书信百封》，26~29页。——译者注]
③ 根据教授就职论文第23节强调说明的词句。[参见《康德著作全集》，第2卷，421页。——译者注]

了所有的资料，对它们进行了筛选、权衡、组合。不过，这个计划只是在不久前才全部实现"①。感官世界的基本概念和法则连同鉴赏力学说、形而上学、道德，从这种松散的排列中产生出什么样的计划，当然是不清晰的。

1772年2月21日致赫茨的信提供了更详细的答复。我们在这里获悉了两个不同的计划。按照第一个计划，《感性和理性的界限》这部著作应当包括两个部分，即一个**理论的**部分和一个**实践的**部分；其内容和进一步的划分也得到了说明。在这种情况下，虽然当他着手透彻地思索理论部分时，出现了新的困难。但他相信基本上克服了这些困难，从现在起能够"写出一部《纯粹理性批判》了。如果纯粹理性完全是理智的，那么，这本书就既包括了理性认识的本性，也包括了实践认识的本性"。确切地说，他"想先写出第一部分，它包括形而上学的本源、方法及其界限，然后再写德性的纯粹原则"②。

但是，把《纯粹理性批判》划分为一个理论部分和一个实践部分，在下一个证词中看起来又被放弃了，这个证词就是1773年（10月？）致赫茨的信，其中又像过去那样完全清晰地**与惟一的先验哲学**或者**纯粹理性批判**对立起来的是**形而上学的两个部分**，即自然形而上学和道德形而上学；他还总是打算首先发表后者。它早就已经准备就绪了：1765年，材料对他来说就是现成的；1767年5月9日，他写信给赫尔德（Herder）说，他正在研究这个问题；1770—1771年冬天，他纯然是为了从《感性和理性的界限》的繁重工作中恢复，而打算完成这个作品③；即便是按照1772年的信④，他也在这个领域里已经事先进行过相当多的研究，他早就已经把原则构思得相当满

---

① 《康德全集》，第Ⅹ卷，117页。[参见《康德书信百封》，29～32页。——译者注]
② 《康德全集》，第Ⅹ卷，123页以下。[参见《康德书信百封》，32～38页。——译者注]
③ 《康德全集》，第Ⅹ卷，71页。[参见《康德书信百封》，24～26页。——译者注]
④ 《康德全集》，第Ⅹ卷，124页。[参见《康德书信百封》，33页。——译者注]

意了。但即便是现在，也未得到实施；所有其他写作都被《纯粹理性批判》的主要工作"像一座水坝那样阻拦住了"。①

两个部分的形而上学，即自然形而上学和道德形而上学与独一不分部分的批判相对峙的那个基本计划，也出现在其他文献中，遗憾的是这些文献不是完全直接地谈论这一点的。1776年11月24日致赫茨的信②如我们后面将看到的那样，与这个假定绝不矛盾；1778年8月28日的另一封信③宁可说是证实了它。但1783年8月16日致门德尔松的信④则使人完全清楚地认识到，在此期间出版的《纯粹理性批判》中，依他所见已经给出了"人类整个理性的界限和全部内容"的准备工作和可靠规定，只是还缺少按照上述（亦即在《纯粹理性批判》中阐述的）批判原理对形而上学的完善。他打算以手册的形式逐渐地完善它⑤，并且比它的代表作更加通俗；确切地说，他希望当年冬天"完成道德学的第一部分，即便不能全部写完，至少也要写出绝大部分"。

据此，《纯粹理性批判》本身已经在望；不过，从它出发必须对如下问题获得一个清晰的答复，即按照作者的意见，形而上学的批判性的地基清理是以这部著作结束了，还是刚刚过半。由于毕竟按照康德的概念，纯粹理性是一个完满的统一，是一个并非就自身而言、而是仅仅在考察中可分的整体，对尚付阙如的另一半的提示是不可能不出现的。

但是，这样一个提示在1781年的《纯粹理性批判》的**任何一个地方**都没有出现；而是无一例外地，像与这个标题相符的那样，批判的**全部**工作被视为在这部著作中已经结束；因此，所预期的不是进一步的批判，而是如迄今一直所是的那

---

① 《康德全集》，第Ⅹ卷，185页。[参见《康德书信百封》，51页。——译者注]
② 同上。[参见《康德书信百封》，50~52页。——译者注] 埃德曼亦谈到它，《康德全集》，第Ⅳ卷，576页。
③ 《康德全集》，第Ⅳ卷，582页。
④ 《康德全集》，第Ⅹ卷，325页以下。[参见《康德书信百封》，92~96页。——译者注]
⑤ 也请参见1778年的信，见《康德全集》，第Ⅹ卷，224页。[参见《康德书信百封》，66页。——译者注]

样：**自然形而上学**和**道德形而上学**。

1. 根据**前言**，纯粹理性批判意味着："就它**独立于一切经验**能够追求的一切知识而言对一般理性能力的批判"①。惟一剩下的哲学课题就是形而上学本身，或者**体系**。"我希望在**自然的形而上学**这个标题自身下面提供出纯粹（思辨）理性的这样一个体系"②。在这里，括号里面的附词毫无疑问地暗示着体系的另一个同样根本性的部分：道德形而上学；但并没有暗示，批判本身还需要在理性的实践应用方面的一种补充。出版商哈特克诺赫（Hartknoch）指望的正是这两部著作，"因为这属于您的计划的完成，并且构成一个整体"③。没有人想到，而且康德本人在这段时间也没有想到第二部批判。因此，例如许茨（Schütz）就急不可耐地"期求和渴望着"他的**自然形而上学**，他"毕竟也将毫无疑问地让一部**道德形而上学**继之"④。

2. 导论谈及先验哲学划分的最后一节，尽管把先验哲学的概念，从而把纯粹理性批判的概念限制在纯粹的、**全然思辨**的理性的领域⑤，但这种限制只是由此来论证的，即就道德性的最高原理和基本概念而言，尽管他们都是先天知识，却毕竟必须**预设**一些**经验性**起源的概念（愉快和不快、欲求和偏好、任性等等）。这就需要解释，因为康德至少自1770年（教授就职论文，第9节）以来就假定并不可动摇地坚持，道德的原则源自纯粹理性，因而属于纯粹哲学⑥。但是，说明离得

---

① 《康德全集》，第Ⅳ卷，9页。[参见李秋零主编：《康德著作全集》，第4卷，7页，北京，中国人民大学出版社，2005。——译者注]
② 《康德全集》，第Ⅳ卷，13页。[参见《康德著作全集》，第4卷，11页。——译者注]
③ 1781年11月19日，《康德全集》，第Ⅹ卷，261页。
④ 1784年6月10日，《康德全集》，第Ⅹ卷，371页。
⑤ 《康德全集》，第Ⅳ卷，25页。[参见《康德著作全集》，第4卷，20页。——译者注]
⑥ 特别参见1770年致兰贝特的信，见《康德全集》，第Ⅹ卷，93页[参见《康德书信百封》，66页。——译者注]：纯粹的道德世俗智慧，其中找不到任何经验性的原则；以及1772年致赫茨的信，见《康德全集》，第Ⅹ卷，126页[参见《康德书信百封》，35页。——译者注]：无论是理性认识的本性还是实践认识的本性，就它们是纯然理智的而言。

并不远：即便是在道德的最高的、完全纯粹的原理和基本概念那里，也必须尽管如此而预设愉快、不快等经验性的概念，这是就人的意志绝不是没有质料而言的。但这种质料并不作为**原则**或者**条件**一起进入纯粹的道德原理或者基本概念。《纯粹理性批判》如是说："道德概念并不完全是纯粹的理性概念，因为它们以某种经验性的东西（快乐或者不快）为基础。尽管如此，就……原则而言（因而当人们只注意它们的形式时），它们却尽可以用做纯粹理性概念的实例。"① 通过这种众所周知的区分，像在1773年致赫茨的信中②或者在《纯粹理性批判》中③那样的经验性表述就显然得到解释了。

但在这种情况下，一种道德**形而上学**、道德的**纯粹**原则的提出，能够缺少一种先行的批判吗？在这里，Methodus antevertit omnem scientiam［方法先行于任何科学］不适用吗？

它肯定需要批判性的地基清理：但是，**这种清理是在纯粹（思辨）理性批判中同时给出的**。正是这个批判，要"为那座宏伟的道德大厦平整和加固地基"④。它这样做，是通过确保**理念**，尤其是**自由**的理念。自由虽然自身是一个纯粹思辨的理念，毕竟从1770年的教授就职论文（第9节，注）以来就已经是**实践认识**的基本理念，甚至一般而言惟有它才给出实践的东西的概念。《纯粹理性批判》说："柏拉图首先是在一切实践的东西中，也就是说，在一切依据自由的东西中，发现他的理念的，而自由又隶属于知识，知识是理性的

---

① 《康德全集》，第Ⅲ卷，384页。[参见李秋零主编：《康德著作全集》，第3卷，374页，北京，中国人民大学出版社，2004。——译者注]
② 《康德全集》，第Ⅹ卷，138页。[参见《康德书信百封》，39～42页。——译者注]
③ 《康德全集》，第Ⅲ卷，520页注。[参见《康德著作全集》，第3卷，511页注。——译者注]
④ 《康德全集》，第Ⅲ卷，249页。[参见《康德著作全集》，第3卷，244页。——译者注]

一个特有产物"①。"理念……具有实践的力量，并且为某些**行动**的完善性的可能性奠定了基础"②。"先验的"理念，特别是自由理念，通过《纯粹理性批判》得到了保证，并尤其是期待第二个、尚付阙如的实践理性批判给予这种保证。这样一个批判的名称和概念在《纯粹理性批判》的第一版中完全不为人知。尚付阙如的东西，不是第二个批判，而仅仅是道德自身的阐述，它不能缺少经验性的概念（愉快、不快等等，简而言之意志的质料），因而不属于批判、惟一的批判、亦即自身同一的理性之批判的任务。

3. 这**完全**是1781年的《纯粹理性批判》的理解。当然，**纯粹道德**③——与纯粹数学一样，这个比较也是值得注意的——处在先验哲学之外。不过，先验的理性概念或者理念……"也许能够使从自然概念到实践概念的一种过渡成为可能"④；它们构成了道德的理念和原理的**理论支柱**，这些理念和原理是与这个支柱一起（成立和）作废的⑤。因为自由的实践概念是**建立**在自由的先验理念之上的，取消其先验理念就会同时根除自由。⑥在这种情况下，根据区分显象和物自身而对自由的可能性的演绎，连同对应当的普遍说明⑦，就将导致"一个与自然秩序完全不同的规则和秩序"⑧，简而言之是被给予，因此，《道德形而上学的奠基》以及《实践理性批判》的

---

① 《康德全集》，第Ⅲ卷，246～247页。[参见《康德著作全集》，第3卷，241页。——译者注]
② 《康德全集》，第Ⅲ卷，384页。[参见《康德著作全集》，第3卷，374页。——译者注]
③ 根据《康德全集》，第Ⅲ卷，332页。[参见《康德著作全集》，第3卷，322页。——译者注]
④ 《康德全集》，第Ⅲ卷，255页。[参见《康德著作全集》，第3卷，250页。——译者注]
⑤ 《康德全集》，第Ⅲ卷，325页。[参见《康德著作全集》，第3卷，315页。——译者注]
⑥ 《康德全集》，第Ⅲ卷，363～364页。[参见《康德著作全集》，第3卷，353～354页。——译者注]
⑦ 《康德全集》，第Ⅲ卷，371页。[参见《康德著作全集》，第3卷，361页。——译者注]
⑧ 《康德全集》，第Ⅲ卷，373页。[参见《康德著作全集》，第3卷，363页。——译者注]

核心思想已预先提出，但毕竟没有因此而离开纯粹思辨研究的地基，因为这里到处都涉及道德的理论支柱，尚未涉及道德自身。

就连实践公设也已经得到暗示①；最后，在已经于1776年致赫茨的信里面被称之为先验哲学的一个本质性组成部分的纯粹理性的法规②中，向实践领域的过渡昭然若揭；因为法规**明确地涉及实践的理性应用，而不涉及思辨的理性应用**③。人们理解，在这里康德自己在为体系的统一几乎忐忑不安④；出现了这样的危险，即对新话题或者对于先验哲学来说陌生的对象说得太少，而使其缺乏清晰性和说服力（同上）。但实际上，纯然思辨的研究的界限即便在这里也被极为严格地遵守。如果一方面，如这里又强调的那样，实践的概念，恰恰作为实践的，也就是说与愉快和不快（在质料上）相关，并不属于先验哲学的整体⑤，那么反过来，先验自由的问题并不归属实践应用中的理性，而仅仅涉及思辨的知识；它在讨论实践的东西时甚至可以被当做**完全无所谓**的而搁置一旁⑥；道德（直接地）只需要实践意义上的自由，这种自由甚至可以通过经验来证明⑦。这样也就是："我应当做什么"的问题"是纯然实践的。它作为这样一个问题虽然归属纯粹理性，但在这种情况下却毕竟不是先验的，而是道德的，因而我们的批判就自身而言并不

---

① 《康德全集》，第Ⅲ卷，421页以下、518页。[参见《康德著作全集》，第3卷，413页以下、510页。——译者注]
② 因此，这封信并不与只有一种理性批判的预设相矛盾。参见《康德全集》，第Ⅹ卷，186页。[参见《康德书信百封》，52页。——译者注]
③ 《康德全集》，第Ⅲ卷，518页。[参见《康德著作全集》，第3卷，509页。——译者注]
④ 《康德全集》，第Ⅲ卷，520页。[参见《康德著作全集》，第3卷，511~512页。——译者注]
⑤ 《康德全集》，第Ⅲ卷，520页注。[参见《康德著作全集》，第3卷，511页注。——译者注]
⑥ 《康德全集》，第Ⅲ卷，522页。[参见《康德著作全集》，第3卷，513页。——译者注]
⑦ 《康德全集》，第Ⅲ卷，521页。[参见《康德著作全集》，第3卷，512页。——译者注]

研究它"①。只是在肤浅地阅读时，人们可能在这里"我们的批判"中发现对另一种批判，亦即实践理性批判的暗示。但是，按照所有前面所说②，"不是先验的，而是道德的"这种截然的对立只可以这样来理解，即在道德的东西的概念中一起考虑到了对经验性概念的吸纳。因此，"我们的批判"这一表述不可以在与另一种批判的对立中，而只可以在与作为哲学体系的一个部分的道德本身的对立中来理解。

4. 还剩下的是**纯粹理性的建筑术**，毕竟应当最早在其中找到我们的问题的终极裁定。它表明了什么？说："人类理性的立法（哲学）有两个对象，即自然和自由，因而既包含自然规律，也包含道德法则，一开始以两个专门的哲学体系，最终则以一个惟一的哲学体系。……纯粹理性的哲学要么是……**预科**……，并且叫做**批判**，要么第二，是纯粹理性的体系（科学），……并叫做**形而上学**；……形而上学分为纯粹理性的**思辨**应用的形而上学和其**实践**应用的形而上学，因而或者是**自然形而上学**，或者是**道德形而上学**"③。即便在这里，也没有片言只语谈到对批判的相应划分；人们毋宁必须说，这样一种划分被这种说明完全排除了，因为至少在这里，在这部著作的差不多结束的地方，不可以对批判的尚付阙如的另一个部分沉默不语，如果这样一个部分被预设的话。但是，在该篇的结尾再次说道："因此，形而上学，无论是自然形而上学还是道德形而上学，尤其是**以预习的方式**（以预科的方式）走在前面的对贸然鼓起自己双翼的理性的批判，才构成我们在真正的意义上能够称之为哲学的东西。"④即便在这里，也没有对"预科"的一个尚付阙如的实践部分的丝毫暗示。

---

① 《康德全集》，第Ⅲ卷，523页。[参见《康德著作全集》，第3卷，514页。——译者注]
② 特别是按照《康德全集》，第Ⅳ卷，24页。[参见《康德著作全集》，第4卷，20页。——译者注]
③ 《康德全集》，第Ⅲ卷，543~544页。[参见《康德著作全集》，第3卷，536~537页。——译者注]
④ 《康德全集》，第Ⅲ卷，549页。[参见《康德著作全集》，第3卷，542页。——译者注]

根据这一切，人们所期待的东西，完全是康德在《纯粹理性批判》出版之后立即考虑撰写形而上学，确切地说是他已经开始又一再暂缓其完成的部分，亦即道德形而上学。①

　　但是，我们所期待的东西，也只是以批判所建议的思想方向尚未离开他；恰恰是在他认真地开始完善道德形而上学的时候，在《纯粹理性批判》中为道德形而上学提供的先期工作尚未使他完全满足。因为《纯粹理性批判》虽然在内核上包含着也为纯粹道德的奠基，但只是在有限的、更多地是偶尔的并且还蒙受指责的阐述中。这样就可以理解，他的道德学的第一部分②变成了道德形而上学的**前驱**或者**计划**③，最终变成了道德形而上学的一个奠基④；实际上无非是为纯粹道德或者道德形而上学进行的一次更完备的、尽可能脱离纯粹亦即思辨理性批判的、与道德问题本身更清晰也更完备地相关联的批判性地基清理。

　　在这部作品——其稿子是在1784年9月19日寄出的，康德在1785年4月7日收到第一批样书⑤——的（遗憾的是没有注出日期的）前言中，总的来说第一次出现了**实践理性批判**的名称和概念。它应当是什么，是与《纯粹理性批判》和《道德形而上学的奠基》并立吗？一种实践理性批判能够无非是道

---

① 参见哈曼［Hamann］1781年5月7日和10月23日、1782年1月11日致哈特克诺赫的信，见基尔德迈斯特［Gildemeister］:《J. G. 哈曼的生平和著作》，第Ⅱ卷，368页；以及《哈曼文集》，第Ⅵ卷，222、236页；哈特克诺赫1781年11月19日致康德的信，见《康德全集》，第Ⅹ卷，261页；埃德曼：《康德全集》，第Ⅳ卷，602～603页；门采尔［Menzer］：《〈道德形而上学的奠基〉导言》，见《康德全集》，第Ⅳ卷，625页；而尤其是已经提到的康德1783年8月16日致门德尔松的信，见《康德全集》，第Ⅹ卷，325页以下。［参见《康德书信百封》，92～96页。——译者注］
② 致门德尔松的信，《康德全集》，第Ⅹ卷，325页以下。［参见《康德书信百封》，92～96页。——译者注］
③《康德全集》，第Ⅹ卷，373页。
④ 门采尔导言，见《康德全集》，第Ⅳ卷，626～627页。
⑤ 同上书，628页。

德形而上学的（批判性）奠基吗？

前言本身对此给出的答复是："我决意日后提供一部《道德形而上学》，如今我让这本《奠基》先发表。尽管除了一种**纯粹实践理性**的批判之外，道德形而上学真正说来没有别的基础，就像对于（自然）形而上学来说，已经提供的纯粹思辨理性的批判是基础一样"。而两部著作的每一位读者都知道，《奠基》和《实践理性批判》在主要内容上确实是叠合的，它们几乎只是在形式上有区别，确切地说是这样的，思想的展开在《奠基》中更多地遵循一种分析的走向，在《实践理性批判》中则遵循一种综合的走向。在《奠基》的第三章中，间接完成了向纯粹实践理性批判的过渡，并且已经阐述了这个批判**对于我们的意图来说**充分的要点。① 只不过在**完备性**上，在这里也还没有提出这种批判；也就是说，为了完成它还要求："显示它与思辨理性在一个共同的原则之中的统一，因为毕竟归根结底只能有同一种理性，它惟有在应用中才必须被区别开来。"②

而由此出发我们相信可以理解，康德为什么在完成《奠基》（以及《自然科学的形而上学初始根据》）之后也不是"毫不犹豫地转到"实践理性批判的研究上，而是转到道德形而上学的研究上。③ 还有在 1786 年 4 月 7 日致贝林（Bering）的信④中，他还要进一步抛开某种东西，以便为实践世俗智慧的体系赢得时间，"这个体系与前一个体系是姊妹篇，需要加以类似的处理，但尽管如此，却不会遇到前一个体系那样大的困难"。因此，康德是极为认真地打算只是在完成自然形而上学和道德形而上学体系之后才提交实践理性批判，它应当**为结束**

---

① 《康德全集》，第 IV 卷，445 页。[参见《康德著作全集》，第 4 卷，453 页]。
② 《康德全集》，第 IV 卷，391 页。[参见《康德著作全集》，第 4 卷，398 页]。
③ 1785 年 9 月 13 日致许茨的信，见《康德全集》，第 X 卷，383 页。 [参见《康德书信百封》，102 页。——译者注]
④ 《康德全集》，第 X 卷，418 页。[参见《康德书信百封》，104～105 页。——译者注]

**整个批判体系**而阐明思辨理性和实践理性的统一。只有这样才可以理解，还在1787年5月14日，即《实践理性批判》出版前不久①，人们都在期盼着他的《道德形而上学》，而不是《实践理性批判》。

但是，决定着他又放弃这个意图的，看起来主要是对《纯粹理性批判》以及《奠基》的**评判**的顾忌，这些评判感到怅然若失的，恰恰是他保留给《实践理性批判》的东西，即令人信服地证明思辨理性和实践理性的统一，而尤其不满的，是"被用于本体的范畴在理论知识中被否定而在实践知识中被肯定的客观实在性"和"那个悖谬的要求，亦即使自己作为自由的主体成为本体，但同时也在自然方面使自己成为自己的经验性意识中的现象"②。看来，为了周密地对付这些一再重复的指责，他决定如今把《实践理性批判》置于《道德形而上学》之前。表明这一修正的是：

1. 《实践理性批判》前言："惟有对实践理性的一种详尽的批判才能消除这一切误解，并澄清恰好构成实践理性之最大优点的那种一贯的思维方式"③（只是一种详尽的批判：《奠基》已经包含了主要的特征）。

2. 在这本书完成前不久，1787年6月25日致许茨的信："我的《实践理性批判》已经大功告成，我打算下星期把它寄往哈勒付印。这本书要比与费德尔（Feder）和阿贝尔（Abel）的所有争论……更好地证明和解释我通过纯粹实践理性所做的补充以及这种补充的可能性，这些东西是我过去拒绝给予思辨理性的。正是这一点，成为激怒那些人物的真正原因，它迫使那些人物，宁可选择不适当的、甚至荒唐的方法，也要在他们屈服于批判哲学的那个使他们觉得完全绝望的格言之前，能够

---

① 根据耶尼施［Jenisch］致康德的信，见《康德全集》，第Ⅹ卷，463页。
②③《实践理性批判》前言，见《康德全集》，第Ⅴ卷，6~7页。［参见李秋零主编：《康德著作全集》，第5卷，7~8页，北京，中国人民大学出版社，2007；亦见本书4页。——译者注］

把思辨能力一直扩展到超感性的东西之上。"①

3. 这本书刚一出版，1787 年 12 月 28 日致莱因霍尔德（Reinhold）的信中说："在这本小册子中，彻底解决了旧派人物误以为在我的批判中发现的许多矛盾，相比之下，如果这些人不愿放弃他们那种陈旧的补绽工作，那么，他们所不可避免的矛盾是隐藏不住的。"②

4. 在我们这部著作中特别众多的与对手的评判的直接关联：与康德以《什么叫做在思维中确定方向？》这部作品参与的门德尔松－雅各比（Jacobi）争论和魏岑曼（Wizenmann）的答复的关联；与《奠基》的蒂宾根书评（弗拉特［Flatt］著；基本思想："不一致"）和提特尔（Tittel）的反驳（新的公式，不是新的原则，且又是不一致）的关联；与"热爱真理的评论家"③和"某些其他异议"的关联，关于这些将在后面谈到。

5. 至少是根据康德自己的通告撰写的《实践理性批判》预告与《纯粹理性批判》的第 2 版的预告一起登在 1786 年 11 月 21 日的《文汇报》上，其中说道："在第二版中给在第一版中所包含的**纯粹思辨理性批判**附加上一个**纯粹实践理性批判**，它同样有助于面对已有的或者将有的指责来确保道德性的原则，并完成必须先行于纯粹理性哲学体系的批判研究的整体。"④

与这个预告相关的，大概是哈曼在 1787 年 1 月 30 日致雅各比的信中的表述："我从报纸上看到，那本书"，亦即《纯粹理性批判》不久前脱稿的新版本，"**将增加一个实践理性批判**"⑤。两个批判径直被设想为一部著作的这种最紧密的结合，

---

① 《康德全集》，第 X 卷，467 页。[参见《康德书信百封》，107 页。——译者注]。
② 《康德全集》，第 X 卷，487 页。[参见《康德书信百封》，110 页。——译者注]。
③ 《康德全集》，第 V 卷，8 页；指皮斯托留[Pistorius]，见《德意志图书汇报》。
④ 刊印在埃德曼那里，《康德全集》，第 III 卷，556 页。
⑤ 基尔德迈斯特：《J. G. 哈曼的生平和著作》，1857 年以下，第 V 卷，452 页。

此后大概是出自外在的理由已经放弃了：《纯粹理性批判》的新版本在1787年春出版（前言署的日期是1787年4月），没有曾预告的增加。不过，《实践理性批判》已经在同年的6月25日[①]就已经差不多可以付印了；根据雷克（Reicke）注为同年9月11日（当然是可疑的）致雅各布（Jakob）的一封信，它正在格鲁内特（Grunert）那里印刷；这里也说道：它包含某些能够清除对理论理性的误解的东西。在同一个日期，康德已经吩咐印刷商寄送赠阅本。[②]毕竟，印刷在这种情况下还推迟了一些，因为格鲁内特想让人用新的清晰铅字印刷这部著作，而这铅字在米迦勒节博览会后8天才送到他那里。[③]不过，圣诞节前不久，印在打字纸上的6本样书就到了康德手中。[④]在致赫茨[⑤]和莱因霍尔德[⑥]的信中，他向这两位许诺通过格鲁内特寄送样书。刚提及的这封信第一次列举了三个批判，**它们为哲学的三个部分**指明先天的原则；而《纯粹理性批判》第2版的前言还仅仅许诺"提交自然形而上学和道德形而上学，作为思辨理性批判和实践理性批判的正确性的证明"[⑦]。

从一切迹象来看，康德没有以任何方式参与这部著作的新版本。第2版应当是[⑧]在1790年复活节博览会就已经完成；它实际上是在1792年才出版。在1797年继这个第2版之后的不是第3版，而是第4版；迄今，没有找到一个第3版的任何迹象。我猜测，出版商在第2版[⑨]马上印了2 000册（不是通常的1 000册）之后，让人把第3版标记为第4版。康德没有

---

[①] 根据已经提及的在这个日期致许茨的信，见《康德全集》，第Ⅹ卷，467页。[参见《康德书信百封》，107页。——译者注]

[②][③][④]《康德全集》，第Ⅹ卷，483页。

[⑤] 12月24日，《康德全集》，第Ⅹ卷，485页。

[⑥] 12月28日，《康德全集》，第Ⅹ卷，487页。[参见《康德书信百封》，110页。——译者注]

[⑦]《康德全集》，第Ⅲ卷，26页。[参见《康德著作全集》，第3卷，24～25页。——译者注]

[⑧] 根据小哈特克诺赫1789年8月和9月的信，见《康德全集》，第Ⅺ卷，71～88页。

[⑨] 根据《康德全集》，第Ⅺ卷，71页。

参与这一版。①第 5 版于 1818 年出版，第 6 版于 1827 年出版。翻印版于 1791 年和 1795 年在法兰克福和莱比锡出版，于 1796 年在格莱茨出版。

※　　※　　※

对在撰写《实践理性批判》期间同时起作用并在其中得到表达的论战性考虑的一种穷尽性研究，不是在这里做的事情；不过，汇编最重要的资料，看来是有助益的。

1. 哈曼在 1786 年 5 月 13 日写信告诉雅各比②对康德的一次拜访："他脑子里也萦绕着一桩写作事务，他马上告诉了我。这就是他的道德学的**蒂宾根书评**。许茨让他对一个教区委员会委员提特尔的反驳有思想准备，此人据说是费德尔的一个注解者，我至今完全不认识他。也许，整个反驳就是这个赤裸裸的书评，它并不攻击康德，但被弱不禁风的朋友们认为足够重要的是，为了让他高兴而不让它在这里流行"。

《奠基》的蒂宾根书评③的作者不是提特尔，而是（像不难证明的那样）蒂宾根教授 J. Fr. 弗拉特，但他与提特尔的观点很一致。他在上面所说的那本杂志上是哲学著作的常任评论家；他尤其是有大量作品直接地或者间接地、友好地或者敌意地谈及康德，说的是同样的东西，不知疲倦地重复同样的指责。

卡尔斯鲁厄的教区委员会委员戈特利布·奥古斯特·提特尔的"反驳"是《论康德先生的道德改革》这部作品（法兰克福和莱比锡，普费勒兄弟出版社，1786 年）。哈曼有理由称他是"费德尔的注解者"，因为他让人出版了《按照费德尔先生的次序分五卷对理论哲学和实践哲学的阐释》④；比斯特尔

---

① 根据 1797 年 1 月 28 日致哈特克诺赫的信，见《康德全集》，第 XⅢ 卷，146 页。
② 基尔德迈斯特：《J. G. 哈曼的生平和著作》，第 V 卷，322 页。
③《蒂宾根学术通讯》，1786 (14)，2 月 16 日，105 页以下。
④ 阿迪克斯 [Adickes]：《康德文献》，第 297 条。

(Biester) 在致康德的一封信①中称他是弱智的费德尔的弱智影子。从这封信可以看出，康德认真地打算公布针对费德尔和提特尔的攻击的一个辩护。就连雅各布也提到反对康德的作品②，康德让通过许茨把这个作品寄给他③。《实践理性批判》前言中尽量地关照了它。提特尔在自己这部作品的前言中就已经指责"极频繁地使用抽象的术语"（4页）。他针对这种使用来捍卫把幸福和道德性最紧密地联结起来的"那个无辜的和值得喜爱的"（5页）体系，多次指责康德的"神秘主义"，特别是经常重复如下论断，即康德"以不知所云的语言把久已为人所知的东西宣布为**新颖的**"（如25页）。"康德的整个道德改革就应当仅仅局限于一个新公式吗？"（35页）"康德先生在相信以这种方式阐述和巩固了他自以为的道德学说新原则之后……"（55页）"人们几乎不应当去想，如此**平常和熟知**的命题能被如此技术高超地弄隐晦。……我为什么必须把人置于两个世界之中？为什么要如此高深地引出二论背反和他律这些听起来异样的、因而许诺某种新东西的、却毕竟不包含任何新东西的名称？如此精雕细琢的命令式有什么用？在一件如此**容易的事情**上，整个笨拙的工序有什么用？"（82页）等等。据此，康德的前言的批判性注释主要是针对提特尔的④，连同对著名的伽尔韦-费德尔《纯粹理性批判》书评的一瞥（参见13页）；但就连批判（28页）也特别注意提特尔，提特尔在促进自己的和他人的幸福的法则以无条件的实践必然性确实适用于一切有理性的生物这一点上看不出任何困难（参见其作品的56页）；它当然也注意弗拉特，弗拉特（如提特尔在31页）特别诉诸：康德本人与他的根本没有任何经验性原则具有普遍性的命题相矛盾，在《奠基》中承认，幸福的意图"按照一种自然必然性"属于所有有理性的

---

① 《康德全集》，第X卷，434页，1786-06-11。
② 《康德全集》，第X卷，438页，1786-06-17。
③ 参见康德11月3日的信，见《康德全集》，第X卷，445页。
④ 《康德全集》，第V卷，8、10页。

存在者。而这样，除此之外还将有某些东西首先与这两个人相关，尽管顺便也涉及其他人。例如，像此前特别是费德尔那样嘲笑新术语的，也有《最新学术历史的批判性贡献》对《奠基》的评论（第Ⅰ卷，202页以下）①；也有迈纳（Meiner）在其《灵魂学说纲要》前言中的评论，康德听凭自己的朋友们驳斥它②。这样，对"不一致"的普遍指责——4、5页——当然是由多人说出的；但为弗拉特在其众多的书评中特别钟爱。

2. 康德本人在1787年6月25日致许茨的信中，点名提到费德尔和阿贝尔，"前一位断言根本没有任何先天认识，后一位则断言，有一种居于经验性认识与先天认识之间的认识"③。此前不久，贝林对他提到这两个人。④与前一位相关的，显然是前言的结论："但是，对于这些努力来说，也许不可能遇到比有人出乎意料地发现任何地方都不存在、也不可能存在先天的知识更为糟糕的事情了"（12页）；尽管此前就已经有塞勒"尝试证明，不存在任何纯粹的、不依赖于经验的理性概念"⑤来反对康德了。康德在那封信中所瞩目的费德尔作品，肯定是《为检验康德哲学而论空间和因果性》（格廷根，1787年）。这部作品的前言所署的日期为1787年1月31日，大概是为复活节博览会出版的，因而能够足够较早地为康德所知，以至于在他的前言的补记中受到关注。康德的阐述精确地切中那部作品（特别是第9节，35页以下）。与此相反，阿贝尔的作品⑥在《实践理性批判》中没有顾及；真正说来康德认为与这个对手的任何争论都是多余的⑦；只是由于实际的旨趣，

---

① 阿迪克斯：《康德文献》，第236条。
② 《康德全集》，第Ⅴ卷，446、456页。
③ 《康德全集》，第Ⅹ卷，467页。[参见《康德书信百封》，107页。——译者注]
④ 5月28日，《康德全集》，第Ⅹ卷，465页。
⑤ C. G. Selle，《柏林月刊》，1784年，12月号。
⑥ 《一种系统形而上学的计划》和《为检验康德体系而试论思辨理性的本性》，均为1787年。
⑦ 参见《康德全集》，第Ⅹ卷，487页，论及旧派人物。[参见《康德书信百封》，110页。——译者注]

他才认为费德尔的那种极广泛的"发现"毕竟是值得关注的。

3. 这样，当他联系到他迄今所遭遇的对批判的那些最显著的指责，亦即"一方面在理论知识中……"（6页）时，他关注的无论如何不是这两个人。这里所考虑的也不是乌尔里希，他在自己寄给康德的《逻辑学和形而上学准则》①的233页提到范畴仅仅在理论方面可运用于"先验客体"（他把它等同于"物自身"）的问题。相反，康德在这里已经注意到他的《奠基》的那位后面清晰地称之为"热爱真理且思想敏锐、因而毕竟永远值得尊敬的评论家"，此人提出异议说：善的概念必须先于道德原则得到确定。这是《德意志图书汇报》的评论家，按照耶尼施的正确报告，是"费马恩岛大教堂教长皮斯托留、哈特利（Hartley）的翻译者"。但是，这里考虑的不仅是《奠基》的评论②，而恰恰是就因范畴可用于本体和人作为现象和本体的双重本性而有的强烈反驳而言，考虑的是对舒尔茨（Schultz）的阐述的篇幅更大的评论③，在那里，这些反驳得到深入而又可理解的展开；不无对"既热爱真理又思想深刻的世俗智者"的恭维，因而后者以第8页的话给予了回应。皮斯托留此后在对《实践理性批判》的评论中又联系到康德的说明④。

4. 惟一在《实践理性批判》本身中被提到名字的评判者（143页）是托马斯·魏岑曼，即1786年在莱比锡匿名出版的作品《雅各比哲学和门德尔松哲学的结果：一个志愿者的批判研究》的作者，雅各比的一个密友和志同道合者，从雅各比与哈曼的书信往来中，人们对他有更详细的了解。康德在《柏林月刊》上的文章《什么叫做在思维中确定方向？》中（1786年，10月号）联系到了上述在当时备受关注的作品，而魏岑曼通过在《德意志博物馆》⑤上发表的文章《〈雅各比哲学和门

---

① 《康德全集》，第 X 卷，378、398 页。
② 《德意志图书汇报》，第 66 期，447 页以下。
③ 同上书，92 页以下。
④ 《德意志图书汇报》，第 117 期，78 页以下，论及 96 页。
⑤ 1787 年，第 1 期，116～156 页。

德尔松哲学的结果〉的作者致康德教授先生》做了回应。一段时间里生活在彭佩福特的魏岑曼于1787年2月22日卒于米尔海姆①。——魏岑曼的提及与门德尔松和雅各比之间关于莱辛的斯宾诺莎主义的著名争论有关。我们在101页与"本来很精明的门德尔松"的关联中认识到这场争论的另一种回响；在那里，如果人们不能决定采取批判主义的话，就要注意斯宾诺莎主义的结论（102页）。

---

① 雅各比2月12、17日致哈曼，见基尔德迈斯特：《J.G.哈曼的生平和著作》，1857年以下，第Ⅴ卷，455页。

# 前言

〔3〕

为什么不把这个批判命名为**纯粹**实践理性批判，而是干脆命名为一般实践理性批判，尽管实践理性与思辨理性的对应关系似乎要求前一个名称，对此，这部论著给予了充分的解释。它应当阐明的只是**存在着纯粹的实践理性**，并且在这种意图中批判其全部**实践能力**。如果它做到了这一点，则它就不需要批判纯粹的能力本身，就可以看出理性以这样一种能力作为一种纯然的僭妄而**超越**了自己（就像在思辨理性那里发生的那样）。因为如果它作为纯粹的理性而现实地是实践的，那么，它就通过这个事实证明了它以及它的概念的实在性，而否认它有这样的可能性的一切玄想就都是徒劳了。

凭借这种能力，从此也就确立了先验的**自由**，而且是在绝对的意义上说的，其中思辨的理性在应用因果性概念时需要自由，以便拯救自己，摆脱它要在因果联结的序列中设想**无条件者**时就不可避免地陷入的二论背反；但它提出这一概念，只能是或然地，并非视其为不可思维的，它并不保证这一概念的客观实在性，而是仅仅为了不因为伪托它毕竟至少必须视其为可思维的东西的不可能性，在其本质上受到攻击，被抛入怀疑论的深渊。

自由的概念，就其实在性通过实践理性的一条无可置疑的法则得到证明而言，如今构成了纯粹理性的、甚至思辨理性的一个体系的整个大厦的**拱顶石**，而作为纯然的理念在思辨理性中依然没有支撑的其他一切概念（上帝和不死的概念），如今就紧跟它，与它一起并通过它获得了持存和客观的实在性，也就是说，它们的**可能性**由于自由是现实的而得到了证明，因为这个理念通过道德法则而显示出来。

〔4〕

但是，在思辨理性的一切理念中，自由也是惟一我们先天地**知道**其可能性、但却看不透的一个理念，因为它是我们知道的道德法则的条件。①但是，**上帝**和**不死**的理念却不是道德法则的条件，而只是一个由道德法则来规定的意志的必然客体的条件，亦即我们的纯粹理性的纯然实践应用的条件。因此，对于那些理念，我不仅要说对于它们的现实性，而且就连它们的可能性，我们也不能声称**认识**和**看透**了。但尽管如此，它们却是把道德上被规定的意志运用到其先天地被给予的客体（至善）的条件。因此就能够并且必须在这种实践的关系中假定它们的可能性，但却不是在理论上认识和看透它们。对于这后一种要求来说，在实践的意图中它们不包含内在的不可能性（矛盾）就够了。如今在这里，视之为真的一种与思辨理性相比纯然**主观**的根据，毕竟对一种同样纯粹的、但却是实践的理性来说客观有效，由此凭借自由的概念使上帝和不死的理念获得了客观的实在性和权限，甚至获得了假定它们的主观必要性（纯粹理性的需要），但理性并没有因此而在理论知识中得到扩展，而只是事先仅仅是问题、在这里成了**断定**的那种可能性被给予了，这样就把理性的实践应用与理论应用的诸要素联结起来了。而这种需要绝不是思辨的**随便哪一个**意图的假说性需要，即人们要想在思辨中上升到理性应用的完成就必须假定某种东西，而是**一种合法则的需要**，即假定某种东西，没有这种东西，人们为了自己行止的意图而应当毫不马虎地设定的东西就不可能发生了。

[5]

当然，不绕这个圈子就自己解决那些课题，并为了实践应用而把它们作为洞识保存下来，会使我们的思辨理性更为满意；然而，我们的思辨能力却从来不曾如此舒坦。自诩有这样的高等知识的人，不应当秘而不宣，而应当把它们公开地展示

---

① 当我现在把自由称做道德法则的条件、而在后面的论述中断言道德法则是我们惟有在其下才能**意识到**自由的条件时，为了使人们在这里不至于误以为发现了**不一致**，我要提醒的仅仅是，自由当然是道德法则的 ratio essendi［存在根据］，但道德法则却是自由的 ratio cognoscendi［认识根据］。因为如果不是在我们的理性中**早就**清楚地想到了道德法则，我们就绝不会认为自己有理由去**假定**像自由这样的东西（尽管自由并不自相矛盾）。但如果没有自由，在我们里面也就**根本找不到**道德法则。

出来以供检验和赞赏。他们想去**证明**；那么好吧！他们尽可以去证明，而批判则把自己的全副装备放到他们这些胜利者的脚边。Quid statis? Nolint. Atqui licet esse beatis. [你们为什么裹足不前？他们不会愿意。但还可以是幸福的。]①——因此，既然他们事实上不想，估计是因为他们不能，我们就只好再拿起那些装备，以便在理性的道德应用中去寻找并在这种应用之上建立思辨未给其可能性找到担保的**上帝**、**自由**和**不死**的概念。

在这里，为什么人们能够**否认**思辨中**诸范畴**的超感性应用有客观的**实在性**，却就纯粹实践理性的客体而言承认它们有这**种实在性**，这一批判之谜也首次得到了澄清；因为在此之前，只要人们仅仅按照名称来了解这样一种实践的应用，上述情况就不可避免地看起来是**不一致的**。但现在，如果人们通过对后一种应用的完备分析而觉察到，上述实在性在这里根本不是通向**范畴**的理论**规定**和知识朝向超感性事物的扩展，而是仅仅指它们在这种关系中到处都应有**一个客体**，因为它们要么先天地包含在必然的意志规定中，要么与意志规定的对象不可分割地结合在一起，那么，那种不一致就消失了，因为人们对那些概念作了一种不同于思辨理性需要的应用。与此相反，如今展现出对思辨性批判的**一贯思维方式**的一种过去几乎无法指望的非常令人满意的证实，即由于这种批判再三提醒要把经验的对象本身，其中甚至包括我们自己的主体都仅仅视为**显象**，尽管如此却把物自身作为它们的基础，因而并不把一切超感性的东西都视为虚构，把它们的概念都视为空无内容的，所以，实践理性现在就独自地、不与思辨理性相约，就使因果性范畴的一个超感性的对象亦即**自由**获得了实在性（尽管是作为实践的概念，也只是为了实践的应用），因而通过一个事实证实了在那里只能被**思维**的东西。此际，思辨的批判的那个令人惊讶的、虽然也无可置疑的主张，即**能思维的主体对它自己来说在内部直观中也纯然是显象**，在实践理性的批判中也同时如此好地获

[6]

---

① 贺拉斯：《讽刺诗集》，I，1，19。——科学院版编者注。

得了完全的证实，以至于即使思辨的批判根本不曾证明这个命题，人们也必定达到这种证实。①

由此我也就懂得了，为什么我迄今还在遭遇的对批判的最显著的指责都在围绕着两个枢纽旋转：也就是说，**一方面**是被用于本体的范畴在理论知识中被否定而在实践知识中被肯定的客观实在性；**另一方面**是那个悖谬的要求，亦即使自己作为自由的主体成为本体，但同时也在自然方面使自己成为自己的经验性意识中的现象。因为只要关于道德和自由还没有形成任何确定的概念，人们就不能猜出，一方面要把什么作为本体来当做所谓显象的基础，另一方面当事先把理论应用中纯粹知性的一切概念都已经仅仅用于显象时，是否在某个地方还有可能对本体形成一个概念。惟有对实践理性的一种详尽的批判才能消除这一切误解，并澄清恰好构成实践理性之最大优点的那种一贯的思维方式。

需要辩护的只是：为什么在这部著作中，纯粹思辨理性的那些毕竟已经经受过特殊批判的概念和原理，在这里时而又再次接受检验，这对于一门要建立的科学的系统进程来说通常是不太合适的（因为已经被判定的事情只须引证，而不必再动它们了），但**在这里**却是允许的，甚至是必要的，因为理性连同那些概念是在向另一种应用的过渡中被考察的，这种应用不同于理性**在那里**对那些概念的应用。但是，这样一种过渡使得旧应用与新应用的一种比较成为必要，为的是把新轨道与以前的轨道清楚地区别开来，同时说明它们的联系。因此，人们将把这种类型的考察，此外把再次、但却是在纯粹理性的实践应用中针对自由概念的考察，不是看做例如应当仅仅用于填补思辨理性的批判体系之漏洞的插叙（因为这个体系就自己的意图而言是完备的），也不是像在一栋仓促建造的房子那里通常发生

[7]

---

① 作为自由的因果性通过道德法则而确立，作为自然机械作用的因果性通过自然法则而确立，它们都是在同一个主体亦即人里面确立的，但如果不把人与前者相关设想为物自身，与后者相关设想为显象，**在纯粹的**意识中设想前者，在**经验性**的意识中设想后者，二者的结合就是不可能的。不这样做，理性与自身的矛盾就是不可避免的。

的那样，在后面装上支架和扶垛，而是看做使体系的联系清晰可见的真实环节，为的是使在那里只能或然地设想的概念如今可以在其实在的展现中被看透。这个提醒尤其涉及自由的概念，关于这个概念人们必然惊讶地发觉，居然还有这么多的人，只是在心理学的关系中考察了它，就自诩完全看透了它并能够解释它的可能性。然而，假如他们事先在先验的关系中仔细地斟酌过这个概念，他们就既会认识到它作为思辨理性的完备应用中的或然概念的**不可缺少性**，也会认识到它的完全**不可理解性**，而且，假如他们事后把它带到实践的应用上去，他们就必定会就这种应用的诸原理而言自己恰好想到这种应用的同一个规定，而往常他们会并不乐意赞同这种规定。自由的概念对于一切**经验论者**来说是绊脚石，但对于**批判的**道德论者来说却也是最崇高的实践原理的钥匙。这些道德论者由此看出，他们不得不**合理地**行事。为此，我请求读者不要浮光掠影地忽略分析论结尾时关于这个概念所说的东西。

〔8〕

　　这样一个体系，就它由纯粹实践理性从对它自己的批判发展出来而言，尤其是为了不错过体系的整体能够被正确地勾画由以出发的那个正确的观点，所花费的辛劳是多还是少，我必须留待这一类工作的行家去评判。它虽然以《**道德形而上学的奠基**》为前提条件，但只是就这部著作使人预先熟悉义务的原则、陈述和辩白义务的一个确定公式而言的①；除此之外它是独立自存的。至于没有像思辨理性的批判所提供的那样为了**完备性**而附加上一切实践科学的**划分**，在这种实践理性能力的性状中也可找到这方面的有效根据。因为把义务特别规定为人类

---

① 一个想为责难这部作品说点儿什么的评论家，当他说这里没有提出任何新的道德原则，而只是提出了一个**新的公式**时，他比自己本来要说的意思更切中要害。但是，谁还要引入一切道德的某种新原理，并仿佛是首次发现它呢？就好像在他之前世界在什么是义务这一点上一无所知或者处于普遍的错误似的。但谁知道一个为了遵循课题而完全精确地规定应当做什么并不许出错的**公式**对于数学家来说意味着什么，他就不会把一个就一切一般义务而言做同样一件事的公式视为某种不重要的和多余的东西了。

义务，以便对它们进行划分，这惟有当这一规定的主体（人）按照他成为现实所凭借的性状事先被认识到，虽然只是就一般义务而言在必要的范围被认识到时，才是可能的；但这种规定不属于一般实践理性批判，后者只应当完备地说明实践理性的可能性、其范围和界限的原则，并不与人的本性有特别的关系。因此，该划分在这里属于科学的体系，而不属于批判的体系。

那本《道德形而上学的奠基》的某位热爱真理且思想敏锐、因而毕竟永远值得尊敬的评论家提出异议说，**善的概念在那里没有先于道德原则而得到确定**（依他所见，这本来是必要的）①，〔9〕

---

① 人们还可以对我提出这样的异议：为什么我也没有事先解释**欲求能力**或者**愉快情感**的概念；尽管这种责难会是不公平的，因为人们应当能够公正地预设这种解释是在心理学中已被给予的。当然，在那里定义也可以这样来建立，即愉快的情感被当做欲求能力的规定的基础（就像通常实际上也往往如此发生一样），但这样一来，实践哲学的最高原则就必然会**以经验性的方式**失落，而这是首先应予澄清的，并在这个批判中受到了完全的拒斥。因此，我在这里想这样作出这种解释，即它必须是为了一开始就公正地把这一有争议的问题搁置不论。——**生命**是一个存在者按照欲求能力的法则去行动的能力。**欲求能力**是存在者通过**其表象而是这些表象的对象之现实性的原因**的能力。**愉快**是对象或者行动与生命的主观条件相一致的表象，亦即**与一个表象就其客体的现实性而言的因果性**的能力（或者规定主体产生其客体的各种力量去行动的能力）相一致的表象。为了批判从心理学借用的那些概念，我并不需要更多的东西，其余的由批判本身提供。人们很容易看出，是愉快在任何时候都必须被当做欲求能力的基础，还是它也在某些条件下仅仅继欲求能力的规定而起，这个问题通过这一解释仍然悬而未决；因为它完全是由纯粹知性的那些标志，亦即不包含任何经验性东西的范畴组合而成的。这样一种谨慎在全部哲学中都是很值得推荐的，尽管如此却经常被忽视，即不要通过冒失的定义抢在对概念的完备分析之前就作出精确的判断，这样的分析经常很晚才达到。人们也将通过批判（既是理论理性的批判也是实践理性的批判）的整个进程发觉，在这一进程中有多种多样的机会去弥补哲学古旧的独断进程中的某些缺陷，并纠正人们在对诸概念作**涉及其整体的**理性应用之前发现不了的错误。

我希望，在分析论的第二章中予以满足；同样，对于那些显露出弄清真理是挂在他们心头之事的意愿的人士，也考虑到了他们对我提出的其他一切异议（因为只是盯着自己的旧体系、事先已决定应当赞同什么和反对什么的人们，毕竟不需要有可能妨碍他们的私人意图的讨论）；而且我也将继续这样做。

[10]

当涉及按照其来源、内容和界限对人类灵魂的一种特殊能力作出规定时，人们虽然只能按照人们知识的本性从这些知识的各个**部分**开始，从对它们精确的（就按照我们已经获得的知识要素的目前状况所可能的而言）、完备的展示开始。但还有第二种值得注意的东西，它更具有哲学和**建筑术**的性质，即正确地把握**整体的理念**，并从该理念出发借助于在一种纯粹理性能力中把一切部分从那个整体的概念中推导出来，而在其彼此之间的交互关系中把握那些部分。这种检验和保障惟有通过对体系的最内在的熟知才有可能，而那些就前一种探究而言就已经感到厌烦、因而认为不值得花费力气去获得这种熟知的人，就达不到第二个阶段，即综合地返回事先分析地被给予的东西的那种纵览；而且毫不奇怪，他们到处都发现不一致，尽管使人猜测这种不一致的漏洞并不是在体系本身之中，而是仅仅在他们自己不连贯的思路中被发现的。

就这部论著而言，我丝毫不担心说它要引入一种**新的语言**的责难，因为这种知识方式在此本身就是接近通俗性的。即便是就前一个批判而言，也没有一个不是仅仅翻阅过该书、而是详细研究过它的人赞同这种责难。在语言对于给定的概念来说已经不缺乏表述的地方去人为地制造新的语词，这是一种不通过新的真实思想、但却通过在给旧衣服打上新补丁来在众人中间出风头的幼稚努力。如果那部著作的读者们知道有比那些表述在我看来更通俗的表述，但却同样适合于思想，或者他们敢于说明这些思想本身，因而每一个表示思想的表述同时是无意义的，那么，他们通过前者将会使我心存感激，因为我只求被理解，但就后者而言他们就为哲学作出了贡献。但只要那些思想还站得住，我就很怀疑为它们还可以找出更合适但又更通用

[11]

的表述。①

以这种方式，心灵的两种能力亦即认识能力和欲求能力的先天原则从现在起就已查明，并根据其应用的条件、范围和界限得到了规定，而由此就为一种作为科学的系统的、既是理论的也是实践的哲学奠定了更为可靠的基础。

但是，对于这些努力来说，也许不可能遇到比有人出乎意

---

① 我在这里有时（比那种不理解）更为担忧的是对一些表述的误解，我极为谨慎地挑选出这些表述，为的是它们所指的概念不被弄错。因此，在**实践**理性的范畴表中模态这一标题之下，**允许**和**不允许**与接下来的范畴**义务**和**违背义务**，在通常的语言应用中具有几乎同等的意义；但在这里，**前者**应当意味着与一个纯然**可能的**实践规范相一致或者相抵触的东西（就像几何和力学的一切问题的解决那样）；**后者**则应当意味着与一个**现实地**存在于一般理性里面的法则处于这样的关系之中的东西；而这种含义的区分即便对于通常的语言应用来说也并不完全陌生，尽管有些不习惯。所以，例如对于一位演说家本身来说，锻造新的语词或者语词搭配是**不允许的**；对于诗人来说这在某种程度上是**允许的**；此处在双方的任何一方那里都没有让人想到义务。因为谁想毁掉自己演说家的名声，没有人能够阻止他。这里只涉及**命令式**在**或然的**、**实然的**和**必然的**规定根据之下的区分。同样，我在使不同的哲学学派中的实践完善性的道德理念相互对立起来的那个附释中，把**智慧**的理念与**神圣**的理念区分开来，尽管我甚至在根本上和客观上把它们解释为一回事。不过，我在这个地方所指的只是人（斯多亚派）自以为拥有的、因而被**主观地**捏造成人的属性的智慧（也许斯多亚派大为炫耀的**德性**这个表述能够更好地表现这个学派的特点）。但是，纯粹实践理性的公设这个表述，如果人们把它与纯粹数学的公设所具有的、本身带有无可置疑的确定性的含义混为一谈的话，还是极易引起误解的。但是，纯粹数学的公设所设立的是**一种行动的可能性**，这种行动的对象人们先天地在理论上以完全的确定性预先认识到是可能的。而纯粹实践理性的公设所设立的则是一个**对象**（上帝和灵魂不死）本身出自无可置疑的**实践**法则的可能性，因而是为了一种实践理性设立的；因为所设立的可能性的这种确定性根本不是在理论上、因而也不是无可置疑地、亦即不是就客体而言被认识到的必然性，而是就主体而言为了遵循实践理性的客观的、但却是实践的法则而必要的假设，所以是纯然必要的假说。对于这种主观的、但却真实而又无条件的理性必要性，我无法找出更好的表述。

料地发现任何地方都不存在、也不可能存在先天的知识更为糟糕的事情了。但这没有什么关系。这就好像是有人想要通过理性来证明不存在理性一样。因为我们只是说，如果我们意识到，某种东西即使没有如此在经验中出现在我们面前，我们也能够知道它，那么，我们就是通过理性而认识到它；因此，理性知识和先天知识是一回事。要从一个经验命题榨取必然性（ex pumice aquam［从石头中榨取水］）①，还要借助这种必然性为一个判断谋取真正的普遍性（没有这种普遍性，就没有理性推理，因而也就没有出自类比的推理，类比是一种至少推测到的普遍性和客观的必然性，所以总还是以真正的普遍性为前提条件），这是不折不扣的自相矛盾。用主观的必然性亦即习惯来偷换仅仅在先天判断中出现的客观必然性，意味着否认理性有对对象作出判断的能力，亦即否认理性有认识对象和应归于对象的东西的能力，例如对于经常和总是跟随某个先行状态的东西，不可以说人们能够从该状态**推论**出那种东西（因为这就会意味着客观的必然性和关于一种先天联结的概念），而是只可以（以与动物类似的方式）期待类似的情况，亦即在根本上把原因概念当做虚假的和纯然的思想欺骗而予以抛弃。要想通过说人们毕竟看不出任何理由赋予其他理性存在者以另外一种表象方式，来弥补客观有效性和由此而来的普遍有效性的这种缺乏，假如这提供了一个有效的推论的话，我们的无知就会比一切深思更多地有助于扩展我们的知识了。因为单是由于我们不了解除人之外的其他理性存在者，我们就会有权利假定他们具有如我们在自己身上认识到的那种性状，也就是说，我们就会现实地了解他们。我在这里甚至不提，不是视之为真的普遍性证明了一个判断的客观有效性（也就是说，它作为知识的有效性），而是即便那种普遍性偶然言中，这也毕竟不能提供与客体相一致的证明；毋宁说，惟有客观有效性才构成一种必然的普遍赞同的根据。

[13]

① 谚语：向某人要求他依照本性不能提供的东西。——普拉图斯：《波斯人》，Ⅰ，1，42。——科学院版编者注

对于这个**普遍经验论**的体系，**休谟**①会在各个原理中感到很惬意；因为众所周知，他所要求的无非是在原因概念中不要必然性的任何客观含义，而是假定一种纯然主观的含义，亦即习惯，以便否定理性关于上帝、自由和不死的一切判断；而且他肯定善于这样做，为的是只要人们承认他的这些原则，就以一切逻辑上的确凿性从中推出结论来。但是，甚至休谟也没有使得经验论如此普遍，以便把数学也包括在内。他把数学的命题视为分析的，而假如这样做有道理的话，这些命题实际上也就会是无可置疑的，尽管如此却不能从中得出结论说，理性有能力也在哲学中作出无可置疑的判断，亦即作出无可置疑的综合判断（例如因果性的命题）。但如果人们假定这些原则的经验论是**普遍的**，数学也就会因此而被纳入其中。

现在，既然数学与只允许经验性原理的那种理性陷入了冲突，例如这在二论背反中就是不可避免的，此时数学无可辩驳地证明了空间的无限可分性，而经验论却不能允许这种无限可分性，所以，证明的最大可能的自明性就与据称出自经验原则的推论处于明显的矛盾中，于是人们就不得不像切泽尔登的盲人②那样发问：是什么在欺骗我，是视觉还是触觉？（因为经验论建立在一种**被感知到的**必然性之上，而理性论则建立在一种**被洞见到的**必然性之上。）这样，普遍的经验论就表现为真正的**怀疑论**，人们不对意指加以限制就把怀疑论归于休谟是错

---

① 康德的意见，即休谟把数学命题视为分析的和无可置疑的（13、52 页），基于休谟的《人类理解研究》，第 IV 章。但是，在该著的第 XII 章中，暗示着对此的怀疑，而且在更早的、更详细的著作，即《人性论》中，休谟至少明确地把几何学的命题视为综合的和依赖于经验的，因而不是无可置疑的。据此，康德不了解或者没有更仔细地注意更早的著作。——科学院版编者注

② 康德可能是通过克斯特讷（Kästner）对史密斯（Rob. Smith）的《光学的完备学术概念》（1755 年）的改编而得知解剖学家 W. 切泽尔登关于一个经过手术的盲人的报告，史密斯的书清晰地复述了这个报告。——科学院版编者注

误的①，因为他至少还在数学那里留下了经验的一块可靠的试金石，而怀疑论则完全不允许有经验的任何试金石（这种试金石永远只能在先天原则中找到），尽管经验毕竟不是仅仅由感觉、而且也是由判断构成的。

不过，既然在这个哲学的和批判的时代，很难认真地主张那种经验论，它也许只是为了练习判断力，以及为了通过对比而更为清晰地揭示理性的先天原则的必然性才提出来的，所以，对于愿意费力从事这种通常的确没有教益的工作的人，人们还是会心存感激的。

---

① 标示一个宗派的追随者的名称在任何时候都带有许多曲解；当有人说某某是一个**理念论者**的时候，大约就是这样。因为即使他不仅完全承认，而且坚决主张，与我们对外部事物的表象相对应的是外部事物的现实对象，他也还是希望，外部事物的直观形式并不依附这些对象，而是仅仅依附我们的心灵。

# 导论：一种实践理性批判的理念

[15]

　　理性的理论应用关注的是纯然认识能力的对象，而关于这种应用的理性批判真正说来所涉及的只是**纯粹的**认识能力，因为这种能力激发了以后也得以证实的怀疑，即它很容易越过自己的界限，迷失在无法达到的对象，或者甚至是相互冲突的概念中间。理性的实践应用则已经是另外一种情况。在这种应用中，理性关注的是意志的规定根据，意志是一种要么产生出与表象相符合的对象、要么规定自己本身去造成对象（无论自然能力是否充足）亦即规定自己的因果性的能力。因为在这里，理性至少能够达到对意志的规定，并且就事情仅仅取决于意愿而言，总是具有客观的实在性。因此，这里的第一个问题是：是纯粹理性独自就足以对意志作出规定，还是它惟有作为经验性上有条件的理性才能是意志的规定根据。如今，这里出现了一个由纯粹理性的批判作出辩护的、虽然不能作出任何经验性描述的因果性概念，亦即**自由**的概念，而且如果我们现在能够找到根据去证明，这种属性事实上应归于人的意志（而且也应归于一切有理性的存在者的意志），那么，由此就不仅说明了纯粹理性能够是实践的，而且说明了惟有纯粹理性，而不是经验性上受限制的理性，才是无条件地实践的。因此，我们将要探讨的，就不是一种**纯粹实践**理性的批判，而只是一般**实践**理性的批判。因为只要阐明了有纯粹理性，纯粹理性就不需要任何批判。纯粹理性自身就包含着对它的一切应用进行批判的准绳。因此，一般实践理性的批判有责任去阻止经验性上有条件的理性以排他的方式想要独自提供意志的规定根据的僭妄。纯粹理性的应用，惟有当确定无疑有这样一种理性的时候，才是内在的；与此相反，自以为能够独裁的经验性的有条件的应用则是超验的，它表现在完全超出自己的领域的要求和命令中。这与关于思辨的应用中的纯粹理性所能说的东西恰恰是颠倒过来的关系。

[16]

然而，既然总还是纯粹理性的知识在这里为实践的应用奠定基础，所以，一种实践理性的批判的划分在总的纲要上还必须按照思辨理性的批判来安排。因此，我们将必须有一个实践理性的**要素论**和一个实践理性的**方法论**，在作为第一部分的要素论中有一个**分析论**来作为真理规则，并有一个**辩证论**来作为实践理性判断中的幻相的描述和解决。不过，分析论的再划分的次序又将与纯粹思辨理性批判中的次序相反。因为在目前的批判中，我们将从**原理**开始前进到**概念**，而从概念出发才在可能的情况下前进到感觉；与此相反，在思辨理性那里我们必须从感觉开始并在原理那里结束。这里的根据又是在于：我们现在必须探讨的是一种意志，而且必须不是在与对象的关系中、而是在与这种意志及其因果性的关系中来考虑理性，因为必须是经验性上无条件的因果性的原理来开头，然后才能去尝试确立我们关于这样一种意志的规定根据、关于上述原理在对象上的应用、最后关于它们在主体及其感性上的应用的概念。出自自由的因果性的法则，亦即任何一个纯粹实践的原理，在这里都不可避免地成为开端，并规定着惟有它才能涉及的那些对象。

# 第一部分
## 纯粹实践理性的要素论

[19]

# 第一卷
# 纯粹实践理性的分析论

## 第一章
## 纯粹实践理性的诸原理

### 第 1 节

**解说**

实践的**诸原理**是那些包含着意志的一个普遍规定的命题，这个规定在自身之下有更多的实践规则。如果条件仅仅被主体视为对他自己的意志有效的，那么，这些原理就是主观的，或者是一些**准则**；但如果条件被认识为客观的，亦即对每一个有理性的存在者的意志都是有效的，那么，这些原理就是客观的，或者是一些实践的法则。

**附释**

如果人们假定，**纯粹**理性能够在自身中包含着一个实践的、亦即足以规定意志的根据，那么，就存在着实践的法则；但如果不是这样，那么，一切实践的原理都将是纯然的准则。在一个理性存在者以病理学的方式受到刺激的意志中，可以发现有种种准则与他自己认识到的实践法则的一种冲突。例如，某人可以把有誓必报当做自己的准则，但同时又看出这并不是实践的法则，而仅仅是他的准则，与此相反，作为对每一个理性存在者的意志来说的规则就会在同一个准则中与自己本身不一致。在自然知识中，所发生的事情的原则（例如在运动的传递中作用与反作用相等的原则）同时就是自然的法则；因为理性的应用在那里是理论的,是由客体的性状规定的。在实践的知识中,[20]亦即在仅仅涉及意志的规定根据的知识中,人们为自己制定的那些原理还并不因此就是他不可避免地服从的法则,因为理性在实践事务中所涉及的是主体,亦即欲求能力,而规则会以多种多样的方式来遵从欲求能力的特殊性状。——实践的规则在任何时候都是理性的一个产物,因为它以结果为目的,把行动规定为达到结果的手段。但是,对于一个不完全仅仅以理性为意志的规定根据的存在者来说,这种规则就是一个**命令式**,亦即以一个表示行动的客观必要性的应当为标志的规则,并且意味着,如果理性完全规定着意志,则行动就会不可避免地按照这个规则发生。因此,这些命令式被视为客观的,并且完全不同于作为主观原理的准则。但是,这些命令式要么仅仅就结果和达成结果的充足性而言来规定理性存在者的作为作用因的因果性的条件,要么只规定意志,不管它是否足以达成结果。前一些命令式将会是假言命令式,仅仅包含技巧的规范;与此相反,后一些命令式将会是定言的,惟有它们是实践的法则。因此,准则虽然是**原理**,但却不是**命令式**。但是,如果命令式本身是有条件的,亦即不是把意志完全当做意志来规定,而是就一种被欲求的结果而言来规定,也就是说,是一些假言命令式,那么,它们虽然是实践的**规范**,但却不是**法则**。法则必须在我问自己是否在根本上具有达成一个被欲求的结果所要求的能力,或者为了产生这一结果我必须做什么之前,就足以把意志当做意志来规定,因而是定言的,否则就不成其为法则;因为它们没有这样一种必然性,这种必然性要想是实践的,就必须不依赖于病理学的、从而偶然地附着于意志的条件。例如,如果有人说,他在年轻时必须工作和节俭,以免年老时受穷,那么,这就是意志的一条正确的、同时又是重要的实践规范。但是,人们很容易看出,意志在这里被指向了某种**别的东西**,即人们预设它在欲求的某种东西,而人们不必过问他这个行动者本人的这一欲求,是他在他自己挣来的财产之外还指望有别的资助来源,还是他根本不希望活到老,或者是想在将来处于困境时可以对付着过。惟一能够从中产生出应当包含着必然性的一切规则的那种理性，虽然也把必然性置于它的这个规范之中（因为若不然，它就会不是命令式了），但这种必然性却只是主观上有条件的，而且人们不可以在所有的主体里面以同样的程度来预设这种必然性。但是，理性的立法所要求的却是它只需要以它**自己本身**为前提条件，因为规则惟有在它无须把一个理性存在者与别的理性存在者区分开来的偶然的、主观的条件有效时，才是客观的和普遍有效的。现在，如果告诉某人他决不应当用谎言来承诺，那么，这就是一个仅仅涉及他的意志的规则；不管此人可能怀有的意图是否能够通过这个意志来达到，纯然的意愿就是应当通过那个规则完全先天地予以规定的东西。如果现在发现这个规则在实践上是正确的，那么，它就是一个法则，因为它是一个定言命令式。所以，实践的法则仅仅与意志相关，而不管通过意志的因果性做到了什么，而且为了纯粹地拥有法则，人们可以把那种因果性（作为属于感官世界的东西）抽掉。

[21]

## 第 2 节

### 定理一

凡是把欲求能力的一个**客体**（质料）预设为意志的规定根据的实践原则，全都是经验性的，不能充当任何实践法则。

我把欲求能力的质料理解为一个其现实性被欲求的对象。现在，如果对这个对象的欲求先行于实践的规则，并且是使实践的规则成为自己的原则的条件，那么我就说（**第一**）：这个原则在这种情况下任何时候都是经验性的。因为这样一来，任性的这一规定根据就是一个个体的表象和这个表象与主体的一种关系，通过这种关系，欲求能力被规定去实现这个客体。但是，与主体的这样一种关系就叫做对一个对象的现实性感到的**愉快**。因此，这种愉快必然被预设为对任性作出规定的可能性的条件。但是，对于任何一个对象的表象，无论它是什么样的，都不能先天地认识到，它是与**愉快**相结合还是与**不快**相结合，或者它是**不相干的**。因此，在这样一种情况下，任性的规定根据在任何时候都必然是经验性的，从而把这个规定根据预设为条件的那个实践的质料原则也必然是经验性的。

现在，既然（**第二**）一个仅仅建立在一种愉快或者不快（它在任何时候都能够被经验性地认识，而不能对一切有理性的存在者都以同样的方式有效）的易感性的主观条件之上的原则，虽然对于拥有这种愉快或者不快的主体来说可以充当**准则**，但却不可以也对这种愉快或者不快本身来说（因为这原则缺乏必须被先天地认识到的客观必然性）充当**法则**，所以，这样一个原则绝不能充当一个实践的法则。 [22]

## 第3节

### 定理二

一切质料的实践原则，本身全都具有同一种性质，都隶属于自爱或者自己的幸福的普遍原则之下。

出自一个事物的实存的表象的愉快，就它应当是对这个事物的欲求的规定根据而言，建立在主体的**易感性**之上，因为它**依赖于**一个对象的存在；所以，它属于感官（情感），而不属于知性，知性按照概念来表达表象与**一个客体**的关系，而不是按照情感来表达表象与主体的关系。因此，只有当主体从对象的现实性那里所期待的惬意的感受规定着欲求能力的时候，愉快才是实践的。但现在，一个有理性的存在者对于不断地伴随着他的整个存在的那种生活惬意的意识，就是**幸福**，而使幸福成为任性的最高规定根据的原则，就是自爱的原则。所以，一切把任性的规定根据设定在从某一个对象的现实性那里可以感受到的愉快或者不快之中的质料原则，就此而言完全具有**同一种性质**，即它们全都属于自爱或者自己的幸福的原则。

**推论**

一切**质料**的实践规则都把意志的规定根据设定在**低级的欲求能力**之中，而且，假如根本没有充分规定意志的**纯然形式的法则**，那么，也就**没有任何高级的欲求能力**能够得到承认了。

附释一

人们必然会觉得奇怪,何以一些通常很机敏的人士会相信,从与愉快的情感相结合的**诸表象**是起源自**感官**还是起源自**知性**,就可以找到**低级欲求能力**和**高级欲求能力**之间的一种区别。因为当人们追问欲求能力的规定根据,并将这些规定根据设定在从某种东西那里期待的惬意之中的时候,事情根本不取决于这个令人快乐的对象的**表象**来自何处,而是仅仅取决于它**令人快乐**到何种程度。如果一个表象,即使它无论如何也在知性中有其位置和起源,也只能通过以主体中的一种愉快的情感为前提条件来规定任性,那么,它要成为任性的规定根据,就完全依赖于内部感官的如下性状,即内部感官能够由此而受到惬意的刺激。对象的表象尽可以归属如此不同的类别,尽可以是与感官的表象相对立的知性的表象,甚至是理性的表象,但它们真正说来构成意志的规定根据所凭借的愉快情感(惬意、人们从推动着创造客体的活动的东西中所期待的快乐),却具有同一种性质,这不仅是就它在任何时候都只能被经验性地认识而言的,而且也是就它刺激起表现在欲求能力中的同一种生命力,并在这一关系中除了在程度上之外,与任何别的规定根据都不可能有任何差异而言的。若不然,人们将如何能够在两个就表现方式而言完全不同的规定根据之间依照大小作出比较,来更喜欢那最能刺激起欲求能力的规定根据呢?同一个人,可以把他只到手一次的一本对他富有教益的书未经阅读就退还,以免耽误打猎;可以在一场精彩的讲演的中途就退场,以免进餐时迟到;可以抛开由他通常很看重的理性交谈而来的消遣,为的是坐到牌桌旁;甚至可以拒绝他通常很乐意周济的一个穷人,因为他现在口袋里剩下的钱,刚好够买一张喜剧门票所用。如果意志的规定所依据的是从某一个原因所期待的惬意或者不惬意的情感,那么,他通过哪一种表象方式受到刺激,这对他来说是完全无所谓的。惟有这种惬意有多么强烈、多么持久、多么容易获得且经常重复,才是他为了决定作出选择而关心的。就像对于为了支出而需要金钱的人来说,只要这金钱到处都以同样的价值被接受,则这金钱的材料亦即金子是从山里挖出来的还是从沙里淘出来的，是完全无所谓的一样，如果一个人仅仅关心生活的惬意，他就不会问是知性表象还是感官表象给他带来快乐，而是只问这些表象在最长的时间里给他带来**多少和多大的快乐**。惟有想要否认纯粹理性有能力无须以任何一种情感为前提条件就规定意志的那些人，才会如此远离他们自己的解释而误入歧途，把他们自己在此前归为同一种原则的东西在后来却解释为完全不同类的。例如可以发现，人们也能够仅仅由于**力量的运用**、由于在克服与我们的决心相对立的障碍时对自己的精神力量的意识、由于对精神天赋的陶冶等感到快乐，而且我们有理由把这称为**更高尚的**乐趣和愉悦，因为它们比其他乐趣和愉悦更为我们所控制而不致耗损，毋宁说强化着还要更多地享受它们的情感，并且在使其愉悦的同时也陶冶它。然而，由于它们毕竟曾为了那些快乐的可能性而把我们里面的一种关注于此的情感预设为这种满意的首要条件，把它们冒充为与仅仅通过感官而不同的规定意志的方式，就恰如那些热衷于在形而上学中敷衍了事的无知之徒，他们设想物质如此精细，如此过于精细，以至于他们自己都要对此感到眩晕，于是就相信自己以这种方式臆想出了一种**精神的**、但却有广延的存在者。如果我们和**伊壁鸠鲁**一起，在德性上仅仅听凭它所许诺的快乐来规定意志，那么，我们就不能此后又指责他，说他把这种快乐与那些最粗劣的感官的快乐看做是完全同样的；因为人们根本没有理由诿过于他，说他把我们心中的这种情感被激发起来所凭借的那些表象仅仅归于肉体感官了。就人们所能猜到的而言，他同样曾在更高的认识能力的应用中来为这些表象中的许多寻找来源；但是，这并不妨碍、也不能妨碍他按照上述原则把那些或许是理智的表象提供给我们的、而这些表象亦惟有借此才能够是意志的规定根据的那种快乐本身完全看做是同样的。**一以贯之**是一个哲学家的最大责任，但这却鲜有发现。古代希腊各学派在这方面给我们提供的实例，比我们在我们这个**折中主义的**时代所发现的更多；在这个时代，各种互相矛盾的原理的某个**联盟体系**被极其虚伪和肤浅地做作出来，因为它更适合于一个满足于对一切都知道一点儿、对整

〔24〕

体一无所知、但却对一切都能应付自如的公众。自身幸福的原则，无论在它那里使用了多少知性和理性，对于意志来说毕竟只包含有与**低级的**欲求能力相适合的规定根据，因而要么根本不存在高级的欲求能力，要么**纯粹理性**必须单就自身而言就是实践的，也就是说，仅仅通过实践规则的形式就能够规定意志，无须以任何一种情感为前提条件，因而无须惬意或者不惬意的表象，惬意或者不惬意是欲求能力的质料，这种质料在任何时候都是原则的一种经验性的条件。然而在这种情况下，理性惟有为自己本身来规定意志（不是为偏好效力），才是在病理学上可规定的欲求能力所从属的一种真正的**高级**欲求能力，并且现实地、甚至在**种类**上与前一种欲求能力有别，以至于哪怕与偏好的冲动有丝毫的混杂，都会损害理性的强大和优越，就像把丝毫经验性的东西当做数学证明的条件就会降低和消除这一证明的尊严和坚定性一样。理性在一个实践法则中直接规定意志，并不借助参与其间的愉快和不快的情感，哪怕是对这一法则的愉快和不快的情感，而是惟有它作为纯粹理性就能够是实践的这一点，才使它有可能是**立法的**。

[25]

附释二

成为幸福的，这必然是每一个有理性但却有限的存在者的要求，因而也是他的欲求能力的一个不可避免的规定根据。因为他对自己的整个存在的满意绝不是一种源始的财产，不是以他的独立自足性的意识为前提条件的永福，而是一个由他的有限本性本身强加给他的问题，因为他有需要，而且这种需要涉及他的欲求能力的质料，亦即与一种主观上作为基础的愉快或者不快的情感相关的东西，由此他为了对自己的状态感到满意而需要的东西就得到了规定。但正是由于这个质料性的规定根据只能被主体经验性地认识，所以就不可能把这项任务视为一个法则，因为法则在一切场合、对一切有理性的存在者都是客观的，必然包含着意志的**同一个规定根据**。因为尽管幸福的概念到处都是**客体**与欲求能力的实践关系的基础，但它却毕竟只是主观的规定根据的普遍称号，并不特别地规定任何东西，而这却是在这一实践的任务中惟一涉及的东西，而且没有这样的规定，这个实践的任务就根本不能得到解决。也就是说，每个人要把自己的幸福设定在何处，取决于每个人自己特殊的愉快和不快的情感，甚至在同一个主体里面也取决于根据这种情感的变化而各不相同的需要，因此一个**主观上必然**的法则（作为**自然法则**）**在客观上**就是一个极其**偶然**的实践原则，它在不同的主体中可以而且必然是很不同的，所以永远不能充当一个法则，因为就对幸福的欲望来说，事情并不取决于合法则性的形式，而是仅仅取决于质料，亦即我在遵循法则时是否可以期望得到快乐，以及可以期望得到多少快乐。自爱的原则虽然能够包含技巧（为意图找到手段）的普遍规则，但在这种情况下它们就只是一些理论的原则①（例如想吃面包的人就必须想出一副磨子来）。然而，基于这些原则的实践规范绝不可能是普遍的，因为欲求能力的规定根据是基于愉快和不快的情感的，这种情感绝不能被当做普遍地指向同一些对象的。〔26〕

但是，即便假定有限的理性存在者也就他们必须当做他们的快乐或者痛苦的情感的客体的东西而言，同样甚至就他们为了达到快乐和防止痛苦而必须利用的手段而言，都想得完全一样，**自爱的原则**也仍将完全不能被他们冒充为**任何实践的法则**；因为这种一致本身毕竟只是偶然的。这个规定根据一直还会只是主观有效的和纯然经验性的，并不会具有在每一个法则中所设想的那种必然性，亦即出自先天根据的客观必然性；除非人们根本不把这种必然性冒充为实践的，而是冒充为纯然物理的，亦即这行动是由我们的偏好不可避免地强加给我们的，就如同我们看到别人打哈欠时打哈欠一样。人们宁可主张根本就不存在实践的法则，而是只有为了我们的欲望起见的**建议**，

---

① 一些命题在数学或者**自然学说**中被称为**实践的**，真正说来它们应当叫做**技术的**。因为这些学说根本不与意志规定相关；它们只是表明可能行动的那种足以产生某种结果的杂多而已，因而与所有那些表述原因与一个结果的联结的命题一样，都是理论的。谁愿意有结果，他也就必须容忍有原因。

也不能主张把纯然主观的原则提升到实践法则的等级，后者拥有完全客观的、并非仅仅主观的必然性，并且必须通过理性先天地来认识，而不是通过经验来认识（无论这种经验在经验性上如何普遍）。甚至那些一致的现象的规则被称为自然法则（例如力学法则），也只是当人们要么实际上先天地认识它们，要么毕竟（如对于化学法则来说）假定如果我们的洞识更加深刻就会先天地从客观根据出发认识它们的时候。不过，对于那些纯然主观的实践原则来说，被明确地当做条件的是，必须被当做它们的基础的，不是任性的客观条件，而是任性的主观条件；因此，它们在任何时候都只能被当做纯然的准则、但绝不能当做实践的法则来说明。这后一个附释乍一看显得是纯然的咬文嚼字；但它却是对惟有在实践的研究中才能予以考察的极为重要的区别的语词规定。

〔27〕

## 第 4 节

## 定理三

如果一个有理性的存在者应当把他的准则设想为实践的普遍法则，那么，他就只能把这些准则设想为这样一些原则，它们不是按照质料，而是仅仅按照形式包含着意志的规定根据。

一个实践原则的质料是意志的对象。这个对象要么是意志的规定根据，要么不是。如果它是意志的规定根据，那么，意志的规则就会服从一个经验性的条件（服从作出规定的表象与愉快和不快的情感的关系），从而就会不是实践的法则。如今，如果人们抽掉一切质料，亦即意志的任何对象（作为规定根据），那么，除了一种普遍的立法的纯然形式之外，一个法则就不剩下什么东西了。因此，一个有理性的存在者要么根本不能把**他**的主观实践的原则亦即准则同时设想为普遍的法则，要么必须假定，这些准则的纯然形式，即它们**适宜于普遍立法**所依据的形式，独自就使它们成为实践的法则。

附释

准则中的哪种形式适宜于普遍的立法，哪种形式不适宜于普遍的立法，普通的知性无须指导也能够作出分辨。例如，我把用一切可靠的手段扩大我的财产当做我的准则。现在，我手头有一件**寄存物**，它的所有者已经去世，而且没有留下这方面的任何字据。这当然就是我的准则所喜欢的。现在我想知道的只是，那条准则是否也可以被视为普遍的实践法则。因此，我把那条准则运用于当前的事例，并且问，它是否能够取得一条法则的形式，因而我是否能够通过我的准则给出这样一条**法则**：每个人都可以否认一件无人能够证明是存放在他这里的寄存物。我马上就发觉，这样一条原则作为法则将会取消自己本身，因为它将会使得根本不存在寄存物。我为此所认识的实践法则必须获得普遍立法的资格；这是一个同一命题，因而是自明的。如果我现在说：我的意志服从一条实践法则，那么，我就不能援引我的偏好（例如在当前事例中我的占有欲）来作为意志的适合做一条普遍的实践法则的规定根据；因为这种偏好远不能适宜于某种普遍的立法，毋宁说它必定在一条普遍的法则的形式中耗尽自身。[28]

因此奇怪的是，一些明理的人士怎么会由于对幸福的欲望，因而还有每个人把幸福设定为自己的意志的规定根据所凭借的**准则**是普遍的，就想到由此把它冒充为一条普遍的**实践法则**。因为既然一条普遍的自然法则通常都使一切相一致，所以在这里，如果人们要赋予准则以一条法则的普遍性，就恰恰会导致与一致性的极端对立，导致准则本身与其意图的严重冲突和完全毁灭。因为在这种情况下，所有人的意志并不具有同一个客体，而是每一个人都有他自己的客体（他自己的福利），这个客体虽然也能够与其他人的同样是针对其自身的意图偶然相合，但还远不足以成为法则，因为人们有权偶尔作出的例外是无穷无尽的，根本不能被确定地包含在一条普遍的规则中。以这种方式，就出现了一种和谐，它类似于某首讽刺诗关于一对自杀夫妇的情投意合所描述的和谐：**啊，美妙的和谐！他想要的，亦是她想要的**，等等；或者人们关于国王**弗兰西斯一世**

面对皇帝**查理**五世的自命自许所讲述的：我的兄弟查理所想要的（米兰），亦是我想要的。经验性的规定根据不适宜于任何普遍的外部立法，但也同样不适宜于内部的立法，因为每个人都以自己的主体作为偏好的根据，而另一个人则以另一个主体作为偏好的根据，而在每一个主体本身中时而是这个偏好，时而是另一个偏好占有影响的优势。要找出一条法则把这些偏好全都统辖在这个条件下，亦即所有各方面都协调一致，那是绝对不可能的。

## 第 5 节

**课题一**

假设惟有准则的纯然立法形式才是一个意志的充足规定根据，课题是找到惟有因此才能被规定的意志的性状。

既然法则的纯然形式只能由理性来表现，因此不是感官的对象，故而也不属于显象，所以，它的表象作为意志的规定根据就不同于按照因果性法则的自然中的种种事件的一切规定根据，因为在这些事件那里，进行规定的根据自身必须是显象。但如果没有意志的任何别的规定根据，而只有那个普遍的立法形式能够对于意志来说充当法则，那么，这样一个意志就必须被设想为完全独立于显象的自然法则，亦即独立于因果性法则，进一步说独立于前后相继法则。但这样一种独立性在最严格的，亦即先验的意义上就叫做**自由**。因此，惟有准则的纯然立法形式才能够充当其法则的意志，就是一个自由意志。

## 第 6 节

**课题二**

假设一个意志是自由的，课题是找出惟一适宜于必然规定意志的法则。

既然实践法则的质料，亦即准则的一个客体，永远只能经验性地被给予，但自由意志作为独立于经验性的（亦即属于感官世界的）条件的，却仍然必须是可规定的，所以，一个自由意志，独立于法则的**质料**，却仍然必须在法则中找到一个规定根据。但是，除了法则的质料之外，在法则中所包含的就无非是立法的形式了。因此，立法的形式只要包含在准则中，它就是惟一能够构成意志的一个规定根据的东西。

附释

因此，自由和无条件的法则是彼此相互回溯的。我在这里现在并不问：它们是否也在事实上各不相同，不是毋宁说，一个无条件的法则纯然是一个纯粹实践理性的自我意识，而纯粹实践理性则与自由的积极概念完全是一回事；而是要问：我们对无条件实践的东西的**认识**是从哪里**开始**的，是从自由开始，还是从实践法则开始。从自由开始是不可能的；原因在于，我们既不能直接地意识到自由，因为它的最初概念是消极的，也不能从经验推论到自由，因为经验给予我们供认识的只是显象的法则，从而只是自然的机械作用，这恰恰是自由的对立面。因此，正是我们（一旦我们为自己拟定意志的准则就）直接意识到的**道德法则**，才**最先**呈现给我们，并且由于理性把它表现为一个不能被任何感性条件胜过的，甚至完全不依赖于这些条件的规定根据，而恰好导向自由概念。但是，对那个道德法则的意识又是如何可能的呢？我们能够意识到纯粹的实践法则，就像我们意识到纯粹的理论原理一样，因为我们注意到理性给我们规定它们所用的必然性，而且注意到理性向我们指出的对一切经验性条件的隔离。一个纯粹意志的概念源自前者，如同一个纯粹知性的意识源自后者一样。至于说这就是我们这些概念的真正的隶属关系，而道德首先向我们揭示自由的概念，从而**实践理性**首先以这个概念向思辨理性提出了最无法解决的问题，通过这个概念使思辨理性陷入最大的困境，这一点已经由如下情况得到说明：既然从自由概念出发在显象中没有任何东西能够得到解释，相反在这里永远必须是自然机械作用构成导线，此外当纯粹理性要上升到原因系列中的无条件者的时候， [30]

它的二论背反也就在这一方和另一方同样地卷入到不可理解的东西之中，然而后者（机械作用）毕竟至少在解释显象时有可用性，所以如果不是道德法则以及实践理性与它一起参与进来，并把这个概念强加给我们的话，人们是永远也不会冒险把自由引入科学的。但是，就连经验也证实了我们心中的这种概念秩序。假设某人为自己淫欲的偏好找借口说，如果所爱的对象和机会都来到他面前，那么这偏好对他来说是完全不可抗拒的；如果在他遇到这种机会的房子前面竖起一个绞架，在他享受过淫欲之后马上把他吊在上面，他在这种情况下是否还会不克制自己的偏好呢？人们可以很快猜出他会怎样回答。但如果问他，如果他的君王以同一种毫不拖延的死刑相威胁，无理要求他对于君王想以莫须有的罪名来诋毁的一个清白人提供伪证，此时无论他对生命的热爱有多大，他是否会认为有可能克服这种热爱呢？他是会这样做还是不会这样做，这是他也许不敢作出保证的；但他必定毫不犹豫地承认，这样做对他来说是可能的。因此他作出判断，他能够做某事乃是因为他意识到他应当做某事，并在自身中认识到通常没有道德法则就会依然不为他所知的自由。

## 第 7 节

### 纯粹实践理性的基本法则

要这样行动，使得你的意志的准则在任何时候都能同时被视为一种普遍的立法的原则。

[31]　附释

纯粹几何学有一些作为实践命题的公设，但它们所包含的无非是这样一个预设，即人们如果被要求应当做某事就**能够**做某事，而这些命题就是纯粹几何学仅有的涉及一个存在的那些命题。因此，这就是一些在意志的一种或然条件下的实践规则。但在这里规则却说：人们应当绝对地以某种方式行事。所以实践规则是无条件的，因而被表现为定言的先天实践命题，意志由此绝对地和直接地（通过实践规则本身，因而这规则在此就是法则）在客观上得到规定。因为**纯粹的、就自身而言实践的理性**在这里是直接立法的。意志作为独立于经验性条件的，作为纯粹意志，被设想为**被法则的纯然形式**所规定的，而这个规定根据则被视为一切准则的最高条件。这件事情是足够令人惊讶的，而且在全部其他实践知识中都没有同样的东西。因为关于一种可能的普遍立法的，因而仅仅是或然的先天思想，不从经验或者任何一个外在意志借取某种东西，就被无条件地要求作为法则。但这也不是一个行动应当发生，从而使一个被欲求的结果成为可能所依据的一个规范（因为那样的话，这规则就会永远在物理上有条件了），而是一个仅仅就意志的准则形式而言来先天地规定意志的规则，而这时至少设想一个仅仅用于种种原理的**主观**形式的法则，作为凭借一般法则的**客观**形式的规定根据，就不是不可能了。人们可以把这条基本法则的意识称为理性的一个事实，这不是因为人们能够从理性的先行资料出发，例如从自由的意识出发（因为这个意识不是被预先给予我们的）玄想出这一法则，而是因为它独立地作为先天综合命题把自己强加给我们，这个先天综合命题不是基于任何直观，既不是基于纯粹的直观也不是基于经验性的直观，尽管当人们预设意志的自由时它会是分析的，但这种意志自由作为积极的概念，就会要求有人们在这里根本不可以假定的一种理智直观。不过，为了把这条法则准确无误地视为**被给予的**，人们还必须注意：它不是任何经验性的事实，而是纯粹理性的惟一事实，纯粹理性借此宣布自己是源始地立法的（sic volo, sic jubeo［我如何想，便如何吩咐］）。①

**推论**

纯粹理性单凭自身就是实践的，并给予（人）一条我们称

---

① 尤维纳利斯：《讽刺诗集》，Ⅵ，223；不过原文是：Hoc volo, sic iubeo, sit pro ratione voluntas［我如此想，便如此吩咐，无需理由，而是意志］。——科学院版编者注

之为**道德法则**的普遍法则。

[32]　　附释

前面所说的事实是不可否认的。人们可以只是分析一下众人关于自己的行动的合法则性所作的判断，于是人们在任何时候都将发现，无论偏好在这中间会说什么，他们的理性却仍然坚定不移地和自我强制地把采取一个行动时意志的准则保持在纯粹意志上，亦即保持在自己身上，因为它把自己看做先天地实践的。如今，正是为了不顾意志的一切主观差异而使这条道德原则成为意志形式上的最高规定根据的那种立法的普遍性，理性才把这条道德原则同时宣布为一条对于一切有理性的存在者的法则，只要他们一般而言具有意志，亦即具有通过规则的表象来规定自己的因果性的一种能力，因而只要他们有能力按照原理，从而也按照先天的实践原则（因为惟有这些原则才具有理性为原理所要求的那种必然性）来行动。因此，这条原则并不仅仅局限于人，而是涉及一切具有理性和意志的有限存在者，甚至也包括作为最高理智的无限存在者在内。但在前一种场合，法则具有一种命令式的形式，因为人们虽然能够在作为有理性的存在者的人身上预设一个**纯粹的**意志，但在作为用需要和感性动因来刺激的存在者的人身上却不能预设任何**神圣的**意志，亦即这样一种意志，它不能有任何与道德法则相冲突的准则。因此，道德法则在人这里是一个**命令式**，它以定言的方式发布命令，因为这法则是无条件的；这样一个意志与这条法则的关系就是**依赖性**，名之为责任，它意味着对采取某个行动的一种**强制**，虽然只是通过理性及其客观法则来强制的，所以它叫做**义务**，因为一种在病理学上刺激起来的（虽然并不由此被规定，从而也永远是自由的）任性带有一种愿望，这愿望产生自**主观**的原因，因而也可能经常与纯粹的客观规定根据相悖，从而需要实践理性的某种抵抗来作为道德上的强制，这种抵抗可以被称为内部的，但却是理智的强制。在最为充足的理智中，任性就正当地被表现为不可能有任何不同时能够在客观上是法则的准则，而因此之故应当归于它的那个**神圣性**概念，虽然并没有使任性超越一切实践法则，但却使它超越一切实践上能限制的法则，从而超越责任和义务。意志的这种神圣性仍然是一个必须不可避免地用做原型的实践理念，无限地接近这个原型是一切有限的理性存在者有权利去做的惟一事情，而这个实践理念则经常地和正确地向他们指明纯粹的、因而自身也是神圣的道德法则，保证道德法则的种种准则的这种无限发展的进程和这些准则在不断的前进中的始终不渝，亦即德性，这[33]是有限的实践理性所能达成的最高的东西，这种德性本身又至少作为自然获得的能力是永远不能完成的，因为这种保证在这样的场合里不会成为无可置疑的确定性，而且作为臆信是很危险的。

## 第 8 节

### 定理四

意志的**自律**是一切道德法则和符合这些法则的义务的惟一原则；与此相反，任性的一切**他律**不仅根本不建立任何责任，而且毋宁说与责任的原则和意志的道德性相悖。因为道德性的惟一原则就在于对法则的一切质料（亦即一个被欲求的客体）有独立性，同时又通过一个准则必须能够有的纯然普遍立法形式来规定任性。但是，那种**独立性**是**消极**意义上的自由，而纯粹的理性、且作为纯粹的而是实践的理性的这种**自己立法**却是**积极**意义上的自由。因此，道德法则所表达的，无非是纯粹实践理性的**自律**，亦即自由的自律，而这种自律本身是一切准则的形式条件，惟有在这条件下它们才能够与最高的实践法则相一致。因此，如果只能是与法则相结合的某种欲求的客体的意欲质料进入实践法则**作为它的可能性的条件**，那么，由此就形成任性的他律，亦即对遵从某种冲动或者偏好的自然法则的依赖性，而意志就不是自己给自己提供法则，而只是提供合理地遵循病理学法则的规范；但是，以这样的方式永远不能在自身包含普遍立法形式的那种准则，就不仅不能以这种方式确立任何责任，而且本身是与一种**纯粹的**实践理性的原则，因而由此与道德意向相悖的，即使从中产生的行动是合乎法则的。

[34] 附释一

因此，一个带有质料性的（因而经验性的）条件的实践规范必须永远不被归为实践法则。因为纯粹意志是自由的，它的法则把意志置于一个与经验性领域完全不同的领域中，而它所表达的必然性，由于不应当是任何自然的必然性，所以只能在于一般法则的可能性的形式条件。实践规则的一切质料所依据的永远是主观的条件，这些条件使实践规则获得的不是对有理性的存在者的普遍性，而仅仅是有条件的普遍性（在我**欲求**这件或者那件我为了使它成为现实就必须去做的事情的情况下），而且它们全都围绕着**自身幸福**的原则转。如今，当然不可否认的是，一切意欲也都必须有一个对象，从而有一种质料；但这质料却并不因此就正好是准则的规定根据和条件；因为如果它是这样，那么，这个准则就不能以普遍立法的形式展示出来了，因为对于对象的实存的期待在这种情况下就会是任性的规定原因，而欲求能力对某一个事物的实存的依赖就必然被当做意欲的基础，这种实存永远只能在经验性的条件中来寻找，因而永远不能充当一个必然的和普遍的规则的根据。这样，别的存在者的幸福将可能是一个有理性的存在者的意志的客体。但是，如果这种幸福是准则的规定根据，那么，人们就会必须预设，我们在别人的福利中不仅发现一种自然的快乐，而且还发现一种需要，就像富有同情的气质在人身上所造成的那样。但是，我不能在任何一个有理性的存在者那里都预设这种需要（在上帝那里就根本不能）。因此，虽然准则的质料还可以保留，但它必须不是准则的条件，因为若不然，这准则就不适宜于做法则。因此，一个限制质料的法则的纯然形式，必须同时是把这质料附加给意志的根据，但并不以质料为前提条件。例如，这质料可以是我自己的幸福。如果我把这种幸福赋予每个人（就像我实际上在有限的存在者那里可以做的那样），那么，它就惟有在我把别人的幸福也一并包含在它里面的情况下，才能够成为一个**客观的**实践法则。因此，"促进他人幸福"的法则并不是产生自"这对每个人自己的任性来说都是一个客体"这个预设，而是产生自：理性当做给自爱准则提供一个法则的客观有效性的条件所需要的普遍性的形式，成为意志的规定根据，因而客体（别人的幸福）并不是纯粹意志的规定根据，相反，惟有纯然的法则形式，才是我用来限制我的基于偏好的准则，以便使它获得一个法则的普遍性，并使它这样适合纯粹的实践理性；惟有从这种限制中，而不是从一个外在的动机的附加中，才能产生出把我的自爱准则也扩展到别人的幸福上去的责任的概念。[35]

## 附释二

如果**自身**幸福的原则被当做意志的规定根据，那么，这恰好就是道德原则的对立面；就像我上面已指明的那样，一般来说凡是不把应当用为法则的规定根据设定在准则的立法形式中，而是设定在别的什么地方的，都必须归于此列。但是，这种冲突并不像经验性地有条件的、但人们却想将之提升为必然的知识原则的规则之间的冲突那样，纯然是逻辑上的，而是实践的，并且如果理性与意志相关的呼声不是如此清晰，如此不可盖过，甚至对于最普通的人也如此可以听清，这种冲突就会完全毁掉道德；但是，这种呼声却只能还保持在各学派的搅乱头脑的思辨中，这些学派足够胆大包天，为了维护一种不值得伤脑筋的理论而对那种上天的呼声充耳不闻。

如果你平时喜欢的一位朋友以为可以这样在你那里为作出的一项伪证进行辩护：他首先借口自身幸福是依他所说的神圣义务，然后列举他由此所赢得的一切好处，举出他为防止任何人发现，甚至也防止你本人这方面的发现而遵循的聪明，他之所以向你透露这个秘密，只是因为他任何时候都能够否认这一秘密；此后他极为严肃地伪称，他已经履行了一项真正的人类义务；那么，你会要么当面取笑他，要么对此厌恶地退避三舍，即使你在有人仅仅依据自己的好处来操纵自己的原理时不能提出丝毫的东西来反对这种规则。或者假定有人向你们推荐一个人做管家，说你们可以不加考虑地把自己的事务都托付给他，而且为了引起你们的信赖，他称赞此人是一个聪明人，很会关照自己的利益，他又是一个不知疲倦地做事的人，不让这方面的机会未加利用就溜走，最后，为了不让对此人粗鄙的自私自利的顾虑有妨碍，他称赞此人如何懂得正直地生活，不是在聚敛钱财或者毫无顾忌的享乐中，而是在自己的知识的扩展中，在精心选择的富有教益的交往中，甚至在对穷人的行善中，寻求自己的快乐，但除此之外不会由于手段（手段有无价值毕竟只来自目的）而有所顾虑，而且别人的钱财用于此处，只要他知道自己可以不被发现且不受阻碍地这样做，对他来说就像是他自己的钱财一样：那么，你们会要么相信，推荐人是在戏弄你们，要么就是他失去理智了。——道德和自爱的界限如此截然分明，以至于连最平庸的眼睛也根本不会错过某事是属于道德还是属于自爱这种区别的。以下几点说明对于一个如此明显的真理来说虽然可能显得是多余的，但它们毕竟至少可以用来使普通人类理性的判断获得更多一些清晰性。

[36]

　　幸福的原则虽然能够充当准则，但永远不能充当适宜于做意志法则的那样一些准则，哪怕是人们把**普遍的**幸福当做自己的客体。这是因为，由于对幸福来说，它的知识是基于纯粹的经验材料的，由于对此的每一个判断都极为依赖每个人自己的经验，而这种经验本身又还是极易变化的，所以，这判断也许能够给出**一般性**的规则，但永远不能给出**普遍性的**规则，亦即也许能够给出平时极经常地适用的规则，但却不能给出必须在任何时候都必然有效的规则，因而没有任何实践**法则**能够建立在这上面。正是由于在这里任性的客体为任性的规则提供了基础，因而必然先行于任性，所以这种规则就不能与别的什么东西，而只能与人们所推荐的东西，因而与经验相关，并建立在它上面，而且在这里，判断的差异必然是无穷无尽的。因此，这个原则并不给一切有理性的存在者规定同样一些实践规则，哪怕这些规则都处于一个共同的名目，亦即幸福的名目之下。但是，道德法则之所以被设想为客观必然的，只是因为它应当对每一个具有理性和意志的人都有效。

　　自爱的准则（聪明）只是**建议**，道德的法则却是**命令**。但是，在人们**建议**给我们的事情和我们**负有责任**的事情之间，毕竟有一种巨大的区别。

按照任性的自律原则要做的事情，对于最普通的知性来说是极容易、不加考虑就可以看出的；而在任性的他律的前提条件下要做的事情，则很难看出，要求有世间知识；也就是说，是义务的东西，自行呈现给每一个人；但带来真正的、持久的好处的东西，则每当要把这好处扩展到整个人生的时候，它就被笼罩在无法穿透的黑暗中，要求有诸多聪明，来使与之相称的实践规则通过机敏的例外，哪怕差强人意地与人生的目的相适合。然而，道德法则却命令每个人遵守，而且是一丝不苟地遵守。因此，要判断按照道德法则应当做的事情，必定不是很难，最普通、最未经训练的知性哪怕没有处世经验也会知道如何对待。

遵守道德的定言命令，这任何时候都在每个人的控制之中，而遵守经验性上有条件的幸福规范，则很少如此，而且远远不是对每个人都可能的，哪怕只是就一个惟一的意图而言。原因在于，事情在前者那里仅仅取决于必须是真正的和纯粹的准则，在后者那里却还取决于使一个所欲求的对象成为现实的力量和自然能力。每一个人都应当力求使自己幸福，这个命令是愚蠢的；因为人们从不命令某人做他已经不可避免地自行要做的事情。人们必须只命令他规则，或者毋宁说告诉他规则，因为他不可能做到他想做的一切。但是，以义务的名义命令有道德，则是完全合乎理性的；因为德性的规范首先恰恰不是每个人都乐意服从的，如果它与偏好相冲突的话，至于他如何能够遵守这条法则的做法，在这里是无须教导的；因为他在这方面想做的事情，他也能够去做。

[37]

在赌博中输了的人，也许会对自己和自己的不聪明感到**恼火**。但如果他意识到自己在赌博中曾经**使诈**（哪怕他因此赢了），那么，只要他用道德法则对照一下自己，他就必定**蔑视**自己。因此，道德法则必定是与自身幸福的原则有所不同的东西。因为不得不对自己说：尽管我充实了自己的钱袋，我却是一个**卑鄙小人**，这与赞许自己说：我是一个**聪明人**，因为我充实了自己的钱袋相比，毕竟还必须有一条不同的判断准绳。

最后，在我们的实践理性的理念中，还有某种东西伴随着对一条道德法则的逾越，亦即这种逾越**该受惩罚**。现在，享受幸福是根本不能与一种惩罚本身的概念结合在一起的。因为尽管如此作出惩罚的人可能怀有善良的意图，即使这种惩罚也指向幸福目的，但惩罚毕竟必须事先作为惩罚，亦即作为纯然的坏事，才就自身而言是理由充足的，以至于受罚者即便情况依旧，即便他看不出在这种严厉背后隐藏有任何好意，也不得不自己承认，这对于他来说是做得公正的，而且他的命运是与他的作为完全相符的。在任何惩罚本身中，都必须首先有正义，而正义就构成惩罚概念的本质。与正义相结合的虽然也可能有善意，但该受惩罚者根据自己的行为却没有丝毫理由去指望这种善意。因此，惩罚是一种物理上的坏事，它即使不会作为**自然的**后果而与道德上的恶相结合，但却必定会作为按照一种道德立法的原则的后果而与之相结合。现在，如果一切犯罪，哪怕不看就犯罪而言的物理学后果，自身就是可惩罚的，亦即（至少部分地）失去了幸福，那么，说犯罪恰恰在于他由于损害了他自身的幸福（按照自爱原则，一切犯罪的本真概念必定都会是这样）而招致了一种惩罚，这就显然会是无稽之谈了。以这种方式，惩罚就会是把某事称为犯罪的根据了，而正义反倒必定会在于放弃一切惩罚，甚至阻止自然的惩罚；原因在于，在这种情况下，行动中就会不再有恶，因为通常继之而起的、仅仅为此行动才叫做恶的那种坏事，从现在起就被拦住了。但尤其是，把一切惩罚和奖赏都仅仅视为一个更高的权力手中的设备，它仅仅应当用来借此使有理性的存在者为自己的终极意图（幸福）而活动，这极为明显的是他们的意志的一种取消一切自由的机械作用，我们在此没有必要多说。

尽管同样不真实、但却更为精巧的是，那些假定某种特殊的道德感官的人的托词。据说是这种感官，而不是理性，在规定着道德法则，按照这种感官，德性的意识是直接与满足和快乐相结合，而罪恶的意识则是与灵魂的不安和痛苦相结合的，这样他们就把一切都推到对自身幸福的要求上了。我不想把上面所说的东西拉扯到这里，而只想说明这里所发生的欺骗。为了把有罪之人表现为因意识到自己的犯罪而受心灵不安的折磨的，他们就必须根据他的品质的最主要基础已经事先把他表现为至少某种程度上是道德上善的，就像把意识到合乎义务的行动就感到快活的人事先已经表现为有道德的一样。因此，道德性和义务的概念毕竟必须先行于对这种满足的考虑，而根本不能从这种满足中派生出来。但现在，为了感受意识到自己符合义务时的那种满足和人们能够责备自己逾越道德法则时的严厉斥责，人们必须预先估量我们称为义务的东西的重要性、道德法则的威望和遵循道德法则使个人亲眼看到的直接价值。所以，人们不可能先于对责任的认识而感到这种满足或者灵魂的不安，并把它们作为这种认识的基础。为了能对那些感觉哪怕只是形成一个表象，人们必须至少大半已经是一个正直的人。此外，就像人的意志凭借自由可以由道德法则直接规定一样，符合这种规定根据的经常履践在主观上最终也能造成一种对自己本身的满足感，这一点我是根本不否认的；毋宁说，确立并培植真正说来惟一值得被称为道德感的情感，这本身就属于义务；但是，义务的概念并不能由此派生出来，若不然，我们就会不得不去设想对一个法则本身的某种情感，并把只能通过理性来设想的东西当做感觉的对象；这即使不应当成为十足的矛盾，也会完全取消义务的一切概念，而仅仅代之以更精巧的、时而与更粗俗的偏好陷入纷争的偏好的机械游戏。[39]

  如果我们现在把我们的实践理性（作为意志的一种自律）的形式上的最高原理与道德的一切迄今的质料上的原则进行比较，那么，我们就可以在一个表格中把其余一切原理都表现为这样的原理，通过它们，实际上除惟一的一个形式上的场合之外，同时穷尽了其他所有可能的场合，而且这样就显而易见地证明，寻找一条与现在讲述的原则不同的原则，乃是白费力气。——也就是说，意志的一切可能的规定根据或者是纯然**主观的**，因而是经验性的，或者也是**客观的**和合理的；但这二者都或者是**外部的**，或者是**内部的**。

[40]

道德原则中实践的质料规定根据

| 主观的 || 客观的 |
|---|---|---|---|
| 外部的 || 内部的 | 外部的 |
| 教育（据蒙台涅） | 公民宪法（据曼德维尔） | 自然情感（据伊壁鸠鲁） | 道德情感（据哈奇森） | 完善（据沃尔夫和斯多亚学派） | 上帝意志（据克鲁修斯①和其他神学道德主义者） |

[41]　　处于左边的原则全都是经验性的，显然根本不适宜做道德的普遍原则。但右边的原则则是建立在理性之上的（因为作为事物的**性状**的完善和在**实体**中表现出来的最高的完善，亦即上帝，二者都惟有通过理性概念才可以设想）。不过前一个概念，亦即**完善**的概念，要么可以在**理论**意义上来采用，此时它无非意味着每一个事物在其种类中的完备性（先验的完备性），要么它意味着一个事物仅仅作为一般事物的完备性（形而上学的完备性），对此这里不能论及。但是，**实践**意义上的完善概念是一个事物对各种各样的目的的适用性和充足性。这种完善作为人的**性状**，因而作为内部的完善，无非就是**天赋**，而加强或者补充天赋的东西则是**技巧**。**实体**中的最高完善，亦即上帝，因而外部的**完善**（在实践的意图来看），就是这一存在者对一切一般目的的充足性。因此，如果现在在必须预先把目的给予我们，惟有与它们相关完善（我们自身的一种内部的完善或者上帝那里的完善）的概念才能够成为意志的规定根据，但一个目的作为必须先行于通过实践规则对意志的规定、并包含着这样一种规定的可能性的根据的**客体**，因而意志的**质料**作为意志的规定根据来看，在任何时候都是经验性的，从而能够用做**伊壁鸠鲁**的幸福论原则，但永远不能用做道德论和义务的纯粹理性原则（如同天赋和对天赋的促进只是由于它们对生活的好处有贡献，或者上帝的意志在与其相一致无须先行的、不依赖于其理念的实践原则就被当做意志的客体时，只能通过我们从中期

---

① 莱比锡神学教授，参见《必然的理性真理大纲》，第2版，1753年，第283、284、286节。——科学院版编者注

待的**幸福**来成为意志的动因一样)，那么结果就是：**第一**，在此提出的一切原则都是**质料的**；**第二**，它们包括一切可能的质料原则；而最后由此得出的结论是：由于质料原则完全不适宜做最高的道德法则（如已经证明的），纯粹理性的**形式上的实践原则**，即通过我们而可能的普遍立法的纯然形式构成意志的最高的和直接的规定根据所必须依据的原则，就是适宜于在规定意志时用做定言命令式亦即实践法则（这些法则使行动成为义务)，并一般而言既在评判中又在应用于人类意志时用做道德原则的**惟一可能的**原则。

## 一、纯粹实践理性诸原理的演绎

[42]

这个分析论阐明，纯粹理性能够是实践的，亦即能够独立地、不依赖于一切经验性的东西来规定意志——虽然这是通过一个事实，在其中纯粹理性在我们这里表明自己实际上是实践的，亦即是通过理性规定意志去行动所借助的道德原理中的自律。——这个分析论同时指出，上述事实与意志自由的意识是不可分割地结合在一起的，甚至与它就是一回事；通过这种意识，一个属于感官世界并认识到自己与服从其他起作用的原因一样必须服从因果性法则的理性存在者，其意志却在实践的东西中同时在另一方面，亦即作为存在者本身，意识到自己在事物的理知秩序中可以被规定的存在，虽然不是按照对它自己的某种特殊的直观，而是按照某些能够在感官世界中规定它的因果性的动力学法则；因为自由既然被赋予我们，就把我们置于事物的一种理知秩序之中，这在别的地方已得到充分的证明。

现在，如果我们把纯粹思辨理性批判的分析论部分与此进行比较，那么，就表现出两者相互之间的一种值得注意的对照。在那里，并非原理，而是纯粹的感性直观（空间和时间)，才是使知识先天地、并且仅仅对于感官对象成为可能的最初材料。——原理仅仅出自概念而没有直观是不可能的，毋宁说，原理惟有与感性的直观相关，从而也惟有与可能经验的对象相关才能发生，因为知性的概念惟有与这种直观相结合，才使我们称之为经验的那种知识成为可能。——超出经验对象之外，因而关于作为本体的事物，思辨理性就被完全正当地剥夺了一种**知识**的一切积极的东西。——不过，思辨理性所做的事情就是这些，它保全了本体的概念，亦即保全了思维这种本体的可能性，乃至必要性，而且举例来说，它从消极方面来看针对一切责难拯救了自由，亦即假定与纯粹理论理性的那些原理和限制完全相容的自由，却对于这样的对象没有提供任何确定的东西供认识，因为它毋宁说完全切断了这方面的一切希望。

与此相反，道德法则尽管没有提供**希望**，但却仍然提供了一种从感官世界的一切材料和我们的理论理性应用的整个范围出发都绝对无法解释的事实，这个事实指示着一个纯粹的知性世界，甚至**积极地规定着**这个世界，使我们对它有所认识，亦即认识到一种法则。

这种法则应当使感官世界作为一个**感性自然**（就有理性的存在者来说）获得一个知性世界，亦即一个**超感性自然**的形式，却并不损害感官世界自身的机械作用。现在，最普遍意义上的自然就是事物在法则之下的实存。一般理性存在者的感性自然就是他们在经验性上有条件的法则之下的实存，因而对于理性来说就是**他律**。与此相反，同样这些存在者的超感性自然就是他们按照独立于一切经验性条件，因而属于纯粹理性的**自律**的那些法则的实存。而且既然这些法则是实践的，按照这些法则，事物的存在依赖于知识，所以，超感性自然就我们对它能够形成一个概念而言，无非就是**一个在纯粹实践理性的自律之下的自然**。但是，这种自律法则就是道德法则，因而它就是一个超感性自然和一个纯粹知性世界的基本法则，这个世界的倒影应当实存于感官世界中，但同时并不损害感官世界的法则。人们可以把前者称为我们仅仅在理性中才认识的**原本的**世界（natura archetypa〔原本的自然〕），而后者由于包含着前一个世界的理念作为意志的规定根据可能有的结果，可以称为摹本的世界（natura ectypa〔摹本的自然〕）。因为事实上，道德法则按照理念把我们置于这样一个自然中，在它里面，纯粹理性如果伴有与它相适合的物理能力，就会产生出至善来，而且道德法则还规定着我们的意志，去把这种形式赋予作为理性存在者之整体的感官世界。

对自己本身加以最普通的注意，就可以证实，这个理念确实像作出示范一般，是我们的意志规定的榜样。

如果我打算作证所依据的准则由实践理性来审核，我总是要看一看，倘若它被视为普遍的自然法则，它会是什么样子。显而易见，普遍的自然法则将会以这种方式迫使每个人讲真话。因为承认陈述是作证明的，尽管如此却又故意说假话，这与一个自然法则的普遍性是不能共存的。同样，我在自由处置自己的生命方面所采取的准则，如果我问一问自己，它必须怎样才能使一个自然按照它的一种法则维持下去，也就马上得到了规定。显然，没有人能够在这样一个自然中**任意地**结束自己的生命，因为这样一种状况不会是持久的自然秩序，在所有其他场合也都是这样。但现在，在现实的自然中，如它是经验的一个对象一样，自由意志并不是由自己而被规定有这样一些准则，它们按照普遍的法则独自就能够建立一个自然，或者哪怕是自动地与这样一个按照普遍的法则安排的自然相适应；毋宁说，这是一些私人偏好，它们虽然按照病理学的（物理学的）法则构成了一个自然整体，但却并不构成一个惟有通过我们的意志，按照纯粹的实践法则才有可能的自然。尽管如此，我们仍然通过理性意识到一条法则，我们的一切准则都服从它，就好像通过我们的意志必然会同时产生出一种自然秩序似的。因此，这条法则必定是一个并非经验性地被给予的、尽管如此却通过自由而可能的、从而超感性的自然的理念，我们至少在实践的关系中给予它以客观实在性，因为我们把它视为我们作为纯粹的理性存在者的意志的客体。

因此，在**意志所服从的**一个自然的法则与一个服从（就具有意志与其自由行动的关系的东西而言）**某个意志**的**自然**的法则之间，其区别乃是基于，对于前者来说，客体必须是规定意志的那些表象的原因，而对于后者来说，意志则应当是客体的原因，以至于意志的因果性只是在纯粹的理性能力中才有自己

[44]

的规定根据,所以这种能力也可以被称为一种纯粹实践理性。

因此,这两个课题是很不相同的:**一方面**,纯粹理性如何能够先天地**认识客体**;**另一方面**,它如何能够直接地(仅仅通过它自己的准则作为法则的普遍有效性的思想)就是意志的规定根据,亦即有理性的存在者在客体的现实性方面的因果性的规定根据。

〔45〕

第一个课题,属于纯粹思辨理性的批判,要求首先解释:没有直观,在任何地方就都没有任何客体能够被给予我们,因而也没有任何东西能够被综合地认识,但直观是如何先天地可能的呢?这个课题的解决将导致:直观全都只是感性的,因而也不允许任何比可能经验所及走得更远的思辨知识成为可能,因此,那种纯粹思辨理性的一切原理所建树的,无非就是使经验成为可能,这经验要么是关于被给予的对象的,要么是关于可以无限地被给予,但却永远不能被完全给予的对象的。

第二个课题,属于实践理性的**批判**,不要求解释欲求能力的客体是如何可能的,因为这仍然作为理论的自然知识的课题被托付给了思辨理性的批判,而是仅仅要求解释:理性如何能够规定意志的准则,这种规定是仅仅凭借作为规定根据的经验性表象而发生的,还是就连纯粹理性也是实践的,是一种可能的、根本不能经验性地认识的自然秩序的法则呢?这样一个超感性的自然,其概念同时就能够是其凭借我们的自由意志而有的现实性的根据,它的可能性并不需要任何先天直观(对一个理知世界的先天直观),这种直观在这一场合,作为超感性的,对于我们来说也必定会是不可能的。因为事情仅仅取决于意愿在其准则中的规定根据,取决于那个规定根据是经验性的,还是纯粹理性的一个概念(关于一般准则的合法则性的概念),以及它如何可能是后一种情况。意志的因果性对于客体的现实性来说是充足还是不充足,这仍然被托付给理性的理论原则去评判,是对意愿的客体的可能性的研究,因而对这些客体的直观在实践的课题中根本不构成其要素。事情在这里仅仅取决于意志的规定和意愿作为一个自由意志的准则的规定根据,而不取决于后果。因为只要**意志**对于纯粹理性来说是合乎法则的,那么，意志在履行时的**能力**就可以随便如何了，按照一个可能 [46] 的自然之立法的这些准则可以现实地从中产生出这样一个自然，也可以不产生，批判根本不关心这一点，它在此研究纯粹理性是否以及如何能够是实践的，亦即直接地规定意志的。

因此，在这项工作中，批判可以无可指摘地从纯粹实践法则及其现实性开始，而且它必须由此开始。但是，它不是把直观，而是把这些法则在理知世界中的存在的概念，亦即自由的概念，当做这些法则的基础。因为这个概念并不意味着别的任何东西，而那些法则惟有与意志的自由相关才有可能，在意志自由的前提条件下则是必然的，或者反过来说，意志的自由是必然的，因为那些法则作为实践的公设是必然的。现在，对道德法则的这种意识，或者换句话说也一样，对自由的这种意识是如何可能的，就不能进一步解释了，惟有它们的可允许性才在理论批判中完全可以得到辩护。

对实践理性的最高原理的**阐述**现在已经作出了，也就是说，首先指明了它包含什么，即它是完全先天地、不依赖于经验性原则而独立存在的，其次指明了它在什么地方与其他一切实践原理区别开来。至于这个原理的客观的和普遍的有效性的**演绎**，亦即对这种有效性的辩护，以及对这样一个先天综合命题的可能性的洞识，人们就不能希望像在涉及纯粹理论知性的原理时那样顺利进行了。因为后者与可能经验的对象相关，亦即与显象相关，而且人们能够证明，惟有通过把这些显象按照那些法则的标准置于范畴之下，这些显象才能作为经验的对象**被认识**，因而一切可能的经验都必须与这些法则相适合。但是，我不能对道德法则的演绎采取这样一种进路。因为道德法则所涉及的不是关于可以在别的地方以某种方式给予理性的那些对象的性状的知识，而是这样的知识，即它本身能够成为对象实存的根据，而且理性通过这种实存就具有一个有理性的存在者中的因果性，亦即能够被视为一种直接规定意志的能力的纯粹理性。

但如今，一旦我们达到了基本的力量或者基本的能力，一切人类的洞识就都到头了；因为这些力量或者能力的可能性是 [47]

不能通过任何东西来理解的，但也同样不可以任意地来虚构和假定。因此，惟有经验使我们有权在理性的理论应用中假定它们。但是，就纯粹实践理性能力而言，这种取代从先天知识源泉出发进行演绎的代用品，即列举经验性的证据，也被从我们这里夺走了。因为凡是需要从经验中取得自己的现实性之证据的东西，按照其可能性的根据都必然依赖于经验原则，但纯粹而又实践的理性由于其概念就已经不可能被视为这样的东西。就连道德法则也仿佛是作为纯粹理性的一个事实而被给予的，这个事实是我们先天地意识到的，而且是无可置疑地确定的，即使人们在经验中找不到严格遵守道德法则的实例。因此，道德法则的客观实在性不能由任何演绎，由理论的、思辨的或者得到经验性支持的理性的任何努力来证明，所以即使人们要放弃无可置疑的确定性，也不能由经验来证实并这样后天地得到证明，尽管如此它仍是自身确定无疑的。

　　取代徒劳地寻求对道德原则的这种演绎的，是某种别的东西，而且是完全荒谬的东西，因为它反过来自己充当一种玄妙莫测的能力的演绎原则。任何经验都不必证明这种能力，但思辨理性却（为了在它自己的宇宙论理念之下按照这能力的因果性找到无条件者，以免它自己与自己相矛盾）必须至少把它假定为可能的，这就是自由的能力。自身不需要任何辩护理由的道德法则不仅证明了自由的可能性，而且在认识到这一法则对自己有约束力的存在者身上证明了它的现实性。道德法则实际上就是因自由而有的因果性的法则，所以是一个超感性的自然的可能性的法则，就像感官世界中的种种事件的形而上学法则是感性自然的因果性的法则一样。因此，道德法则所规定的是思辨哲学不得不任其不被规定的东西，亦即其概念在思辨哲学中只具有消极性的因果性的法则，并因此而首先使这条法则获得了客观的实在性。

〔48〕　　既然道德法则本身是作为自由这种纯粹理性的因果性的演绎原则而被提出来的，由于理论理性曾被迫至少**假定**一种自由的可能性，道德法则的这种信誉就完全足以取代一切先天的辩护来补偿理论理性的一种需要。因为道德法则以如下方式证明

了自己的实在性,即使对于思辨理性的批判来说也是令人满意的,这就是它给一个曾经仅仅被消极地设想的、思辨理性批判无法理解但却不得不假定其可能性的因果性添加了积极的规定,亦即一个直接地(通过意志准则的普遍合法则的形式的条件)规定意志的理性的概念,而且这样一来就第一次能够赋予那在想要思辨地行事时总是以其理念越界的理性以客观的、虽然只是实践的实在性,并把理性的**超验的**应用转化为一种**内在的**应用(在经验的领域中通过理念本身就是作用因)。

感官世界作为这样一个世界,对它里面的存在者的因果性的规定就绝不能是无条件的,但对于这些条件的全部序列来说,却仍然必须有某种无条件者,因而也必须有一种完全由自身规定自己的因果性。所以,自由作为一种绝对自发性的能力,其理念曾经不是一种需要,而是**就其可能性而言**是纯粹思辨理性的一个分析原理。然而,既然绝不可能根据它而在某一个经验中给出一个实例,因为在作为显象的事物的原因中间不可能找到任何对这种绝对无条件的因果性的规定,所以,我们只有在把关于一种自由行动的原因的这个**思想**运用到感官世界的一个存在者——即使这个存在者在另一方面也被视为本体——身上时,才能为这一思想作**辩护**,因为我们指出过,就该存在者的一切行动都是显象而言把它们视为物理上有条件的,同时却又就这个行动着的存在者是一个知性存在者而言把这些行动的因果性视为物理上无条件的,并如此使自由的概念成为理性的范导性原则,这并不自相矛盾。由此我虽然根本没有认出被赋予这样一种因果性的那个对象是什么东西,但毕竟扫除了如下事情上的障碍,即我一方面在解释世界上的事情,因而也解释有理性的存在者的行动时,公正地对待从有条件者无限回溯到条件这种自然必然性的机械作用;另一方面却给思辨理性保留下为它空出的位置,亦即理知的东西,以便把无条件者置放到那里。但是,我不能把这个**思想变成实在的**,亦即不能把它转化为对一个如此行动的存在者的**知识**,哪怕是仅仅就其可能性而言。现在,纯粹实践理性通过理知世界中的一种确定的因果性的法则(通过自由),亦即道德法则,填补了这

[49]

个空出的位置。这样一来，虽然现在对于思辨理性来说，在其洞识方面没有任何增添，但毕竟在它或然的自由概念的**保障**方面有所增添。自由概念在这里获得了**客观的**、虽然只是实践的、但却是无可怀疑的**实在性**。甚至因果性概念，它的应用、因而还有它的意义，本来只是与显象相关，为了把显象联结成为经验才出现的（如同《纯粹理性批判》所证明的那样），纯粹实践理性也没有把它扩展到使它把自己的应用延伸到上述界限之外的程度。因为如果纯粹实践理性旨在于此，那它就会必然想指出，根据与后果的逻辑关系如何能够在与感性直观不同的另一类直观那里得到综合的应用，亦即 causa noumenon〔作为本体的原因〕是如何可能的；这是它根本不能提供的，但它作为实践理性也根本不考虑这件事，因为它仅仅把作为感性存在者的人的因果性（这已经被给予）的**规定根据**设定**在纯粹理性中**（这理性因此而叫做实践的），因而能够在这里完全抽掉原因概念为了理论知识而在客体上的应用（因为这个概念总是在知性中，也独立于一切经验，而被先天地发现），不是为了认识对象，而是为了就一般对象而言规定因果性，因而不在别的意图上，仅仅在实践的意图上使用原因概念，所以就能够把意志的规定根据置于事物的理知秩序之中，因为它同时乐于承认，根本不理解原因概念对于认识这些事物能够有什么规定。它当然也必须以某种方式来认识意志在感官世界中的行动方面的因果性，因为若不然，实践理性就会不能现实地产生任何行为。但是，它并不需要在理论上为了认识它自己作为本体的因果性的超感性实存而去规定它关于这种因果性形成的概念，因而不需要就此而言能够赋予这概念以意义。因为这概念本来就获得了意义，虽然只是为了实践的应用，亦即通过道德法则获得的。即便在理论上看，这概念也仍然是一个纯粹的、先天被给予的知性概念，它可以被运用于对象上，无论这些对象是感性地还是非感性地被给予的；尽管它在后一种场合里不具有任何确定的理论意义和理论应用，而仅仅是知性关于一个一般客体的一个形式上的思想，但毕竟是根本的思想。理性通过道德法则使它获得的意义仅仅是实践的，因为一个因果性

〔50〕

（意志）的法则，其理念本身就具有因果性，或者本身就是因果性的规定根据。

## 二、实践理性在实践应用中作出一种它在思辨应用中本身不可能作出的扩展的权限

　　根据道德原则，我们提出了一条把因果性的规定根据置于感官世界的一切条件之上的因果性法则，并且**思考**了意志，看它作为属于一个理知世界的，而如何是可以被规定的，因而把这个意志的主体（人）不仅作为属于一个纯粹知性世界的、尽管在这种关系中不为我们所知的而加以思考（就像根据纯粹思辨理性的批判就能够做到的那样），而且借助于一条根本不可能被列为感官世界的自然法则的法则，对这个意志就其因果性而言作出了**规定**，因而就把我们的知识**扩展**到了感官世界的界限之外，而《纯粹理性批判》毕竟曾宣布这种僭妄在一切思辨中都毫无意义。如今在这里，纯粹理性的实践应用与它的理论应用就其能力的界限规定而言如何能够一致起来呢？

　　关于**大卫·休谟**，人们可以说他真正开始了对一种纯粹理性的种种权利的一切反驳，这些反驳使对纯粹理性的全部研究成为必要的。他是这样推论的：**原因**概念是一个包含着把不同的东西的实存联结起来，而且是就其不同而言联结起来的**必然性**的概念，以至于如果设定了 A，我就认识到也必须有某种与它完全不同的东西亦即 B 必然地实存。但必然性惟有在一种联结先天地被认识的时候才能被赋予该联结；因为经验关于一种结合提供出来供认识的只会是它存在，却不会是它如此必然地存在。如今，他说道，一个事物和**另一个**事物之间（或者一个规定与另一个与它完全不同的规定之间）的结合，如果没有在知觉中被给予的话，先天地认识它并把它认识为必然的，这是不可能的。因此，一个原因的概念本身就是捏造的和骗人的，最客气地说是一种在这方面尚可原谅的错觉，因为把经常相互并存或者相互继存的某些事物或者它们的规定感知为相互伴随的，这种**习惯**（一种**主观**必然性）不知不觉地被当成一种

〔51〕

在对象本身中设定这样一种联结的**客观**必然性了，这样一来，一个原因的概念就被骗取了，但它不是合法地获得的，甚至绝不可能被获得或者被认证，因为它要求的是一种就自身而言毫无意义的、幻想出来的、在任何理性面前都站不住脚的联结，根本不可能有任何客体某个时候与这种联结相符合。——这样，首先就涉及事物实存的一切知识而言（因而数学还是被排除在外），**经验论**就被当做种种原则的惟一来源而引入了，但与它同时引入的还有就（作为哲学的）整个自然科学而言的最严厉的**怀疑论**本身。因为我们永远不能按照这样的原理从事物根据其实存被给予的规定**推论**到一个后果（因为这样就会要求一个原因的概念，该概念包含着这样一种联结的必然性），而是只能按照想象力的规则期望与通常类似的情况，但这样的期望绝不是可靠的，即使它也还如此经常地应验。甚至对任何事件人们都不能说：**必定**有某种东西先行于它，它**必然地**跟随其后，也就是说，它必定有一个原因，因而即使人们也还知道有这样的东西先行的情况如此经常发生，以至于能够从中抽出一个规则来，人们也不能由此就假定它总是并且必然地以这种方式发生，而这样，人们就必须也为盲目偶然的事件保留其权利，在它这里一切理性应用都终止了。这就在从结果上升到原因的推论方面牢固地确立了怀疑论，使它变得无法反驳。

〔52〕

数学此时还安然无恙地置身事外，因为休谟认为数学的命题全都是分析的，亦即为了同一性的缘故，从而按照矛盾律从一个规定推进到另一个规定（但这是错误的，因为数学命题毋宁说全都是综合的，而且即使例如几何学并不涉及事物的实存，而是仅仅涉及事物在一个可能直观中的先天规定，它也像通过因果概念那样从一个规定 A 过渡到一个完全不同的、但仍与它必然联结起来的规定 B）。但最终，这门由于其无可置疑的确定性而被如此高度赞扬的科学，也必定出自休谟用习惯来取代原因概念中的客观必然性的同一个理由而败给原理上的经验论，而且无论它如何骄傲，它也不得不忍声吞气地降低它那大胆的、要求先天地赞同的权利，并指望观察者的厚爱会赞许其命题的普遍有效性，这些观察者作为证人毕竟不会拒绝承认，他们在任何时候也都是这样感知到几何学家所讲述的东西的，因而即便这种东西刚好不是必然的，也毕竟是今后会允许人们可以这样期待的。以这种方式，休谟的原理上的经验论也就不可避免地导向了甚至在数学方面，因而在理性的一切**科学的**理论应用方面的怀疑论（因为这种应用要么属于哲学，要么属于数学）。普通的理性应用（在人们发现知识的这些首领都遭遇到这样可怕的颠覆的时候）是否必定更好地脱险，而不是更加不可挽回地卷入一切知识的同样的毁灭之中，从而并不从这样的原理中产生出一种**普遍的**怀疑论（它当然只涉及学者们），我想把这留给每一个人自己去判断。

现在，就我在《纯粹理性批判》中所做的探讨而言，它虽然是由休谟的那种怀疑学说引起的，但却走得远得多，包括纯粹理论理性在综合应用中的全部领域，因而也包括人们一般而言称为形而上学的东西，所以，我对于这位苏格兰哲学家涉及因果性概念的怀疑是以如下方式行事的。休谟在（如同几乎到处也都在发生的那样）把经验的对象当成了**物自身**，把原因概念宣布为骗人的和虚假的幻觉时，做得完全正确；因为关于物自身及其规定本身，是无法看出何以由于某物 A 被设定，另一个某物 B 就也必须被必然地设定的，因而他根本不可能承认这样一种关于物自身的先天知识。这个机敏的人物更不可能允许这个概念有一个经验性的起源，因为这种起源完全与联结的必然性相矛盾，而必然性则构成了因果性概念的本质；因此，这个概念遭到了排斥，取而代之的是在遵循知觉的进程时的习惯。

但是，从我的研究中却得出，我们在经验中所涉及的对象绝不是物自身，而仅仅是显象，并且即使在物自身那里根本看不出，甚至也不可能看出，何以如果设定 A，不设定与 A 完全不同的 B（作为原因的 A 与作为结果的 B 之间的联结的必然性）就应当是**矛盾的**，但毕竟完全可以设想，它们作为显象必定**在一个经验**中以某种方式（例如就时间关系而言）必然地结合在一起，而且不能被分开而不与这个经验得以可能所凭借的那种结合**相矛盾**，它们惟有在这个经验中才是对象，是我们可以认识的。而实际上也是这样：以至于我不仅能够对原因概念按照其就经验对象而言的客观实在性作出证明，而且还能够由于它所带有的联结的必然性而把它当做先天概念来加以**演绎**，也就是说，从纯粹知性出发不用经验性来源而阐明它的可能性，而且这样在除去它的起源的经验论之后，就能够首先在自然科学方面，然后由于十分完美地从同样的根据得出的东西而在数学方面，即在这两门与可能经验的对象相关的科学方面，从根本上铲除这种经验论的后果亦即怀疑论，并由此而从根本上铲除对理论理性号称洞察的一切东西的全部怀疑。

〔54〕

但是，这个因果性范畴（其余一切范畴亦复如是；因为没有它们，就不能实现关于实存者的任何知识）在不是可能经验的对象，而是超越于可能经验的界限之外的事物上的运用情况是怎样的呢？因为我只能就**可能经验的对象**而言演绎这些概念的客观实在性。但正是这一点，即我仅仅在这一场合拯救了这种客观实在性，我指出毕竟可以由此思维一些客体，虽然不是先天地规定它们，这就给这些概念在纯粹知性中提供了一个位置，它们由此出发就能够与一般而言的客体（感性的或者非感性的客体）相关联。如果还缺少什么东西，那就是这些范畴，特别是因果性范畴**运用**于对象的条件，亦即直观；在它没有被给予的地方，它都使得以作为本体的对象的**理论知识为目的**的运用成为不可能的，因而这种理论知识如果有人敢于冒险去做，就将（如在《纯粹理性批判》中也发生的那样）遭到禁止；然而，这个概念的客观实在性毕竟始终还存在，也能够被运用于本体，但在理论上却丝毫不能规定这个概念并由此来产生知识。因为这个概念即便与一个客体相关也不包含任何不可能的东西，这是以如下方式得到证明的，即这个概念无论如何运用于感官的对象，都在纯粹知性中保有自己的位置，而且即使它在此之后与物自身（不可能是经验对象的物自身）相关，不能为了一种理论知识的目的而被规定去表象**一个确定的对象**，它也毕竟总还能够为了一个别的目的（也许是实践的目的）而被规定去运用自己；如果按照休谟的看法，这个因果性概念包含着在任何地方都不可能被思维的对象，就不会是上述情况了。

现在，为了找出把上述概念运用于本体的条件，我们只须回顾一下，**为什么我们并不满足于上述概念在经验对象上的运用，而是也想把它运用于物自身**。因为在这里马上就表现出，使这种情况对我们成为必然性的，并不是一个理论的意图，而是一个实践的意图。为了思辨，即使我们做得到，我们也不会在自然知识中和一般而言在不能以任何方式被给予我们的对象方面有任何真正的收获，而是至多从感性有条件者（停留在这里并努力遍历这个原因链条已足够我们去做了）向超感性者迈出一大步，以便从根据方面完成我们的知识，并为它划定界限，然而，在那个界限和我们所认识的东西之间永远会留下一条无限的鸿沟填不满，而我们所听从的与其说是一种彻底的求知欲，倒不如说是一种虚荣的提问癖。〔55〕

但是，除了**知性**与对象（在理论知识中）所处的那种关系之外，知性也有一种与欲求能力的关系，欲求能力由此而叫做意志，而就纯粹知性（它在这样的情况下叫做理性）仅仅通过一个法则的表象就是实践的而言，则叫做纯粹意志。一个纯粹意志的客观实在性，或者这样说也一样，一个纯粹实践理性的客观实在性，是在先天的道德法则中仿佛通过一个事实而被给予的；因为人们可以这样称呼一个不可避免的意志规定，尽管这个意志规定并不基于经验性的原则。但在一个意志的概念中，已经包含着因果性概念，因而在一个纯粹意志的概念中，也包含着一种具有自由的因果性的概念，也就是说，这种因果性不能按照自然法则来规定，因而不能有任何经验性的直观来作为这概念的客观实在性的证明，但仍然在先天的纯粹实践法则中完全地为它的客观实在性作了辩护，却不是（就像很容易看出的那样）为了理性的理论应用，而是仅仅为了其实践的应用。现在，一个具有自由意志的存在者的概念就是一个 causa noumenon［作为本体的原因］的概念，至于这个概念并不自相矛盾，人们已经以如下方式作了保障，即一个原因的概念，作为完全出自纯粹知性的，同时它在一般对象方面的客观实在性也通过演绎得到保障的，此时按照它的起源独立于一切感性条件的，因而本身不被限制在现象上的（除非是在对此要作一种理论的确定应用的地方），当然能够被运用于作为纯粹的知性存在者的事物上面。但是，由于这种应用不可能被配上任何直观，因为直观在任何时候都只能是感性的，所以 causa noumenon［作为本体的原因］就理性的理论应用而言虽然是一个可能的、可以设想的概念，但却是一个空洞的概念。但现在，我也并不要求由此**在理论上认识**一个存在者就其具有一个**纯粹意志而言**的性状；对我来说，只要由此把它描述为这样一个存在者，从而只要把因果性概念与自由概念（以及与此不可分割地，与作为自由的规定根据的道德法则）结合起来就够了；由于原因概念的纯粹的、并非经验性的起源，我当然应当得到这样的权利，因为我对它除了与规定它的客观实在性的道德法则相关，亦即仅仅作一种实践的应用之外，并不认为自己有权作任何别的应用。

　　如果我和休谟一样，不仅就事物自身（超感性的东西）而言，而且也就感官对象而言，剥夺了因果性概念在理论应用中的客观实在性，那么，这个概念就会丧失一切意义，并作为一个理论上不可能的概念被宣布为完全无用的，而且由于对不存在的东西不能作任何应用，所以一个**理论上没有意义的**概念的实践应用也就会完全是无稽之谈。但现在，一种经验性上无条件的因果性的概念在理论上虽然是空的（没有适合于它的直观），但毕竟总还是可能的，并且是与一个不确定的客体相关的，而取而代之的则是在道德法则上，因而在实践关系中赋予它意义，所以，我虽然没有任何直观来规定这概念的客观的理论实在性，但它仍然有可以在意向和准则中具体地表现出来的现实运用，亦即有能够被告知的实践实在性；这对于它甚至在本体方面的资格来说也是充分的。

　　但是，一个纯粹知性概念在超感性事物的领域中的客观实在性一旦被引入，从此就给其余一切范畴提供出也是客观的、只不过仅仅是可以在实践上运用的实在性，尽管总是仅仅就此而言，这些范畴才与纯粹意志的规定根据（道德法则）处于**必然的**结合之中；然而，这种客观实在性对于这些对象的理论知

［56］

识，即对于通过纯粹理性对这些对象的本性的洞识，却没有丝毫的影响使其得以扩展。如同我们后面也将发现的那样，这些范畴永远只与作为**理智**的存在者相关，而且在这些存在者身上也只与**理性**和**意志**的关系相关，因而始终只与**实践的东西**相关，并不超出这一点进一步自诩对这些存在者有任何知识；但是，与这些范畴相结合，无论还想牵强附会地举出属于这样一些超感性事物的理论表象方式的何种属性，它们在这种情况下也全都不被算做知识，而是仅仅被算做假定和预设这些存在者的权利（但在实践的意图中却完全被算做必然性），甚至在人们按照一种类比，亦即按照我们就感性存在者而言实践上所使用的那种纯粹理性关系来假定和预设超感性的存在者（如上帝）的时候，也是如此这般；这样，就丝毫不会助长纯粹理论理性由于运用于超感性的东西——但仅仅在实践意图上——而游荡到越界的东西中去。

## 第二章
## 纯粹实践理性的对象的概念

我把实践理性的对象的概念理解为一个作为因自由而有的可能结果的客体之表象。因此，是实践知识的一个对象本身，这只不过意味着意志与使这对象或者它的对立面成为现实所借助的那个行动的关系，而对某物是不是**纯粹**实践理性的一个对象的评判，则只不过是对**愿意**有这样一个行动的可能性和不可能性的辨别，借助这个行动，假如我们有这方面的能力（对此必须由经验来判断），某个客体就会成为现实的。如果这客体被假定为我们的欲求能力的规定根据，那么，该客体由于我们的力量的自由应用而来的**物理可能性**就必定先行于它是不是实践理性的一个对象的评判。与此相反，如果先天法则能够被视为行动的规定根据，因而这个行动能够被视为由纯粹实践理性所规定的，那么，关于某物是不是纯粹实践理性的一个对象的判断，就完全不依赖于与我们的物理能力的比较，而问题就仅仅是：假如事情由我们控制的话，我们是否会**愿意**有一个指向某个客体的实存的行动，因而这行动在**道德上的可能性**就必须先行；因为在这里，并非对象，而是意志的法则才是这行动的规定根据。

因此，一个实践理性的惟一客体就是善和恶的客体。因为人们通过前者来理解欲求能力的一个必然对象，通过后者来理解厌恶能力的一个必然对象，但二者都依据理性的一个原则。

如果善的概念不是从一个先行的实践法则推导出来的，而是毋宁说应当充任这个法则的根据，那么，它就只能是这样一种东西的概念，这种东西的实存预示着愉快，并这样规定着主体的因果性去产生它，也就是说，规定着欲求能力。由于现在不可能先天地看出哪种表象伴随着**愉快**，反之哪种表象伴随着**不快**，所以，要识别直接地是善或者恶的那种东西，就仅仅取决于经验了。这种经验惟有与之相关才能进行的那种主体属性，就是愉快和不快的**情感**，即一种属于内部感官的接受性；而这样，关于直接是善的东西的概念就会必然仅仅关涉**快乐**的感觉直接与之结合的东西，而关于绝对恶的概念就会必然仅仅与直接激起**痛苦**的东西相关。但由于这已经违背习惯用语，习惯用语把**惬意**与**善**区别开来，把**不惬意**与**恶**区别开来，并要求在任何时候都由理性，因而由能够普遍地传达的概念，而不是由局限于个别主体及其感受性上的纯然感觉来评判善和恶，但一种愉快或者不快就自身而言仍然不能先天地与一个客体的任何表象直接结合起来，所以，相信不得不把一种愉快的情感当做自己的实践评判的根据的哲学家，就会把是达到惬意的一种**手段**的东西称为**善的**，而把是不惬意和痛苦的原因的东西称为**恶**；因为对手段与目的的关系的评判当然是理性的事情。但是，尽管惟有理性才有能力看出手段与其意图的联结（以至于

[59] 人们也可以用目的的能力来定义意志，因为目的在任何时候都是按照原则来规定欲求能力的根据），但从上述善的概念中仅仅作为手段而产生的那些实践准则，却绝不包含某种单凭自身就是善的东西，而是始终只包含**对于某种目的**是善的东西来作为意志的对象：这善在任何时候都只会是有用的东西，而它

对之有用的东西则会必定是在意志之外处于感觉之中的。现在，如果这种感觉作为惬意的感觉必须与善的概念区分开来，那么，在任何地方都不会有任何直接善的东西，而是必须仅仅在达到某种别的东西，亦即达到某种惬意的手段中去寻找善。

各学派的一个古老的语式是：nihil appetimus, nisi sub ratione boni; nihil aversamur, nisi sub ratione mali［我们不欲求任何东西，除非考虑到善；我们不拒绝任何东西，除非考虑到恶］；而它有一种经常是正确的，但也对哲学经常是很不利的应用，因为 boni［善］和 mali［恶］这两个表述包含着一种歧义，对此应负责的是语言的局限；根据这种歧义，它们能够有双重的意义，因而不可避免地使实践法则盘桓不定，并迫使在使用这两个表述时固然完全觉察到在同一词那里的概念差异，但却不能为此找到任何专门表述的哲学作出细腻的区分，而人们在事后亦无法对这些区分达成一致，因为这种区别并没有能够用任何适当的表述直接表示出来。①

德语有幸拥有一些不使这种差异被忽视的表述。对于用拉丁语的人借助惟一的语词 bonum［善］来称谓的东西，德语有两个很不同的概念，而且也有很不同的表述：对于 bonum 来说就是**善**和**福**，对于 malum［恶］来说则是**恶**和**祸**（或者苦），以至于我们对于一个行动来说所考虑的是它的**善**和**恶**，还是我们的**福**和**苦**（祸），这是两种完全不同的评判。由此已经得出，如果上述心理学命题被这样翻译：我们不欲求任何东西，除非

[60]

---

① 此外，sub ratione boni［考虑到善］这个表述也是有歧义的。因为它说的可能只是：如果并且**由于我们欲求**（意欲）某种东西，我们就把它想象为善的；但也可能是：我们之所以欲求某种东西，乃是**因为我们想象为善**的，以至于或者欲求是作为一种善的客体之概念的根据，或者善的概念是欲求（意志）的规定根据；因为 sub ratione boni［考虑到善］在第一个场合会意味着我们**在善的理念下**而意欲某种东西，在第二个场合会意味着我们**根据这个必须**作为意欲的规定根据先行于意欲的**理念**而意欲某种东西。

考虑到我们的**福**或者**苦**,那么,它至少还是很不确定的;与此相反,如果人们这样给出它:按照理性的指示,我们不意欲任何东西,除非我们认为它是善的或者恶的,那么,这个命题就是无可置疑地确定的,同时是表达得完全清楚的。

**福**或者**祸**总是仅仅意味着与我们的**惬意**或者**不惬意**、快乐和痛苦状态的一种关系,而如果我们因此而欲求或者厌恶一个客体,那么,这只有在与我们的感性和该客体所造成的愉快和不快的情感相关时才会发生。但是,**善**或者**恶**在任何时候都意味着与**意志**的一种关系,只要这意志由**理性法则**规定,去使某种东西成为自己的客体;就像意志绝不直接由客体及其表象来规定,而是一种使理性的规则成为自己的行动动因(这样一个客体就能够成为现实的)的能力一样。因此,善或者恶真正说来与行动相关,而不与个人的感觉状态相关,而且如果某种东西应当是绝对(在一切意图中并且无须进一步的条件)善的或者恶的,或者应当被认为如此,那么,它就会仅仅是行动方式,是意志的准则,从而是作为善人或者恶人的行动着的个人本身,而不是一件可以被如此称谓的事情。

因此,人们总是要嘲笑那个斯多亚主义者①,他在痛风极剧烈地发作时喊道:疼痛,你尽管还这样折磨我吧,但我永远不承认你是某种恶的东西($\kappa\alpha\kappa o\nu$, malum)!他毕竟是有道理的。他所感到的是一种祸,而这是他的喊叫所透露的;但是,他身上由此就有一种恶,这却是他根本没有理由去承认的;因为疼痛丝毫也不减少他的人格的价值,而只是减少他的状态的价值。哪怕他只意识到自己说过一次谎,这谎言就必定打消他的勇气;但是,如果他意识到,他并没有因为任何不正当的行动而招致疼痛,并由此使自己该受惩罚,那么,疼痛则只是用来作为使他高尚起来的诱因。

我们应当称为善的东西,必须在每一个有理性的人的判断中都是欲求能力的一个对象,而恶则必须在每一个人的眼中都

---

① 西塞罗:《图斯库勒论辩》,Ⅱ,25,61。——科学院版编者注

是厌恶的一个对象；因而要作出这种评判，除了感官之外还需要理性。与谎言相反的真诚、与强暴相反的正义等，都是这种情况。但是，我们可以把某种东西称为一种祸，但同时每一个人都必须把这种祸解释为善的，有时是间接善的，有时干脆是直接善的。让人给自己做一次外科手术的人，毫无疑问觉得这手术是一种祸；但通过理性，他和每一个人都把这手术解释为善的。但如果有人喜欢戏弄和打扰爱好宁静的人们，终于有一次碰了钉子，并遭到一顿痛揍，那么，这当然是一种祸，但每个人都会为此鼓掌叫好，认为这本身是善的，即使从中并不会进一步产生什么东西；甚至那遭到痛揍的人，也必定在他的理性中认识到，这对他来说是公正的，因为他看到理性不可避免地向他规劝的安适与行为得体之间的相称在这里精确地实现了。

当然，在我们的实践理性的评判中，**绝对有很多东西**取决于我们的福和苦，而且就我们作为感性存在者的本性而言，**一切都取决于我们的幸福**，如果这幸福像理性首先所要求的那样，不是按照瞬息即逝的感觉，而是按照这种偶然性对我们的全部实存以及对这种实存的心满意足的影响来评判的话；但并不是**在根本上一切**都取决于此。就人属于感官世界而言，他是一个有需要的存在者，而且就此而言，他的理性当然在感性方面有一个不可拒绝的使命，即照顾感性的利益，并给自己制定实践的准则，哪怕是为了此生的幸福，可能的话也为了来生的幸福。但是，人毕竟不完全是动物，对理性自言自语所说的一切都无所谓，把理性仅仅当做满足他作为感官存在者的需要的工具来使用。因为如果理性仅仅为了本能在动物那里所建树的东西而为人效劳的话，那么，人具有理性这一点，就根本没有在价值上把人提高到纯然动物性之上；理性在这种情况下就会只是自然利用来装备人以达到它给动物所规定的同一个目的的一种特殊手法，而没有给人规定一个更高的目的。因此，人按照这种曾经对他作出的自然部署当然需要理性，以便在任何时候都考察他的福和苦，但他拥有理性除此之外还为了一个更高的目的，也就是说，不仅也考虑就自身而言善或者恶的东西，〔62〕

亦即纯粹的、感性上根本不感兴趣的理性只是独自能够作出判断的东西，而且要把这种评判与前一种评判完全区别开来，使它成为前一种评判的最高条件。

对就自身而言善或者恶的东西的这种评判，与只是同福或者苦相关才被如此称谓的东西不同，取决于以下几点。要么一个理性原则就自身而言已经被设想为意志的规定根据，不考虑欲求能力的可能客体（因而仅仅凭借准则的合法则形式），在这种情况下，那个原则就是先天的实践法则，纯粹理性就被看做自身是实践的。法则在这种情况下**直接**规定着意志，符合法则的行动是**就自己本身而言善**的，一个意志的准则在任何时候都符合这法则，这意志就是**绝对地、在一切意图中都善**的，并且是**一切善的至上条件**。要么欲求能力的一个规定根据先行于意志的准则，意志以愉快和不快的一个客体，因而以某种使人**快乐**或者**痛苦**的东西为前提，而促进前者避免后者的理性准则规定着行动，如同这些行动与我们的偏好相关，因而仅仅间接地（考虑到一个另外的目的，作为该目的的手段）是善的一样，而这些准则在这种情况下就永远不能叫做法则，但仍然可以叫做合理性的实践规范。这目的本身，即我们所寻求的快乐，在后一种情况中不是**善**，而是**福**，不是一个理性概念，而是关于感觉对象的一个经验性概念；不过，使用手段来达成这个目的，亦即那个行动（由于为此需要理性的思考）仍然是善的，但不是绝对善的，而是仅仅与我们的感性相关，就它的愉快和不快的情感而言是善的；但意志的准则由此刺激出来，这意志就不是一个纯粹的意志，纯粹的意志仅仅关涉这样的东西，对这东西来说纯粹理性自身就能够是实践的。

〔63〕　这里正是解释一种实践理性批判中的方法的悖论的地方：**也就是说，善和恶的概念必须不是先行于道德法则（表面上必须是这概念为道德法则提供根据），而是仅仅（如同这里也发生的那样）在道德法则之后并由道德法则来规定**。因为即使我们并不知道道德的原则是一个纯粹的、先天地规定意志的法则，但为了不完全徒劳地（gratis）假定一些原理，我们也必

须在开始的时候，至少让意志是仅有经验性的规定根据还是也有纯粹的先天规定根据这一点悬而未决；因为把人们应当首先去决定的东西事先假定为已决定的，这是违背哲学程序的一切基本规则的。假设我们现在要从善的概念开始，为的是从中推导出意志的法则来，那么，关于一个对象（作为一个善的对象）的这一概念就会同时把这个对象说成是意志的惟一规定根据。现在，由于这个概念并不以任何先天实践法则作为它的准绳，所以善或者恶的试金石就不能被设定在任何东西中，只能设定在对象与我们的愉快或者不快的情感的一致中，而理性的应用就只能在于，有时在与我的存在的一切感觉的整个联系中去规定这种愉快或者不快，有时去规定使我获得这种愉快或者不快的对象的种种手段。现在，既然什么东西是符合愉快的情感的，这惟有通过经验才能够澄清，而实践法则据说应当建立在作为条件的这种东西上面，所以，先天实践法则的可能性就会被直截了当地排除了：因为人们指的是认为事先有必要为意志找出一个对象来，关于它的概念作为一个善的概念就必定会构成普遍的、尽管是经验性的规定根据。但是，毕竟有必要事先研究的是，是否也会有意志的一种先天的规定根据（这个根据绝不会在别的什么地方，只会在一个纯粹的实践法则中被发现，而且是就这法则不考虑某个对象而给准则规定纯然合法则的形式而言的）。但是，由于人们已经把一个对象按照善和恶的概念当做一切实践法则的根据，而那个对象没有先行的法则就只能按照经验性的概念来设想，所以人们已经预先取消哪怕只是设想一个纯粹实践法则的可能性；因为与此相反，如果人们事先分析地探究过纯粹实践法则的话，就会发现不是作为一个对象的善的概念规定道德法则并使之成为可能，而是反过来，道德法则首先对善的概念就善完全配得上这一名称而言予以规定并使之成为可能。〔64〕

这个仅仅涉及至上的道德研究的方法的说明，是很重要的。它一下子就解释了哲学家们在道德的至上原则方面的一切失误的诱发根据。因为他们寻找意志的一个对象，以便使它成为一个法则的质料和根据（这样一来，这个法则就不应当是直接地，而是借助于被交给愉快或者不快的情感的那个对象而成为意志的规定根据），而他们本应当首先探究一个先天地直接规定意志、并按照这意志才来规定对象的法则。这时，他们想把这个愉快的对象，即据说提供善的至上概念的对象，设定在幸福中，设定在完善中，设定在道德情感中，或者设定在上帝的意志中，这样他们的原理就总是他律，他们就必定不可避免地遭遇到一个道德法则的诸经验性条件：因为他们惟有按照意志对永远都是经验性的情感的直接态度，才能把他们的作为意志的直接规定根据的对象称为善的或者恶的。惟有一个形式的法则，亦即仅仅将理性的普遍立法形式规定给理性作为各准则的至上条件的这样一个法则，才能够先天地是实践理性的一个规定根据。古人们在这方面毫不掩饰地暴露出这种错误，因为他们把自己的道德研究完全建立在对**至善**概念的规定上，因而建立在对一个对象的规定上，然后他们又想使这对象在道德法则中成为意志的规定根据：这是在道德法则首先自己得到证明并作为意志的直接规定根据得到辩护以后很久、才能对从此在其形式上先天地得到规定的意志表现为对象的一个客体，这件事我们要在纯粹实践理性的辩证论中放胆去做。在近代人这里，关于至善的问题看来已经过时，至少已经仅仅是次要的问题，他们把上述错误（如同在许多别的场合里那样）隐藏在一些未经规定的语词后面，然而人们仍然发现这错误从他们的体系中显露出来，因为在这种情况下，这种错误到处都暴露出实践理性的他律，从中永远也不可能产生出一个先天普遍地颁布命令的道德法则。

〔65〕

现在，既然善和恶的概念作为对意志的先天规定的结果也是以一个纯粹的实践原则，因而以纯粹理性的一种因果性为前提的，所以，它们原初并不像纯粹的知性概念或者作理论应用的理性的范畴那样（例如作为被给予的直观的杂多在一个意识中的综合统一的种种规定）与客体相关，毋宁说，这些概念或者范畴是把客体预设为被给予的；相反，善和恶的概念全都是一个惟一的范畴亦即因果性范畴的模态，只要它们的规定根据在于一个因果性法则的理性表象，理性把这法则作为自由的法则立给自己，并由此先天地证明自己是实践的。然而，既然行动**一方面**虽然在一个本身并不是自然法则，而是自由法则的法则之下，因而属于理知的存在者的行为，但**另一方面**却也作为感官世界中的事件而属于显象，所以一个实践理性的种种规定将惟有与感官世界相关才能够发生，因而虽然是符合知性范畴的，但却不是为了知性的一种理论应用，以便把（感性）**直观**的杂多置于一个先天的意识之下，而是仅仅为了使**欲求**的杂多服从一个在道德法则中颁布命令的实践理性或者一个纯粹的先天意志的意识的统一性。

这些**自由范畴**，因为我们要这样称谓的是它们，而不是那些作为自然范畴的理论概念，它们就对后者具有明显的优越性，即由于后者只是一些仅仅不确定地通过普遍概念为任何对我们来说可能的直观表明一般客体的思想形式，前者却与此相反，关涉的是一种**自由的任性**的规定（虽然不能完全相应地给予这种规定以任何直观，但这种规定却先天地以一个纯粹实践法则为基础，这是在我们的认识能力的理论应用的任何概念那里都不曾出现的），所以作为实践的要素概念，就不以并不存在于理性本身中，必须从别的地方亦即从感性中得来的直观形式（空间和时间）为基础，而是以在理性中，因而在思维能力本身中作为被给予的**某种纯粹意志的形式**为基础；由此就发生了如下情况，即由于在纯粹实践理性的一切规范中所涉及的只是**意志的规定**，而不是**实现意志的意图**的（实践能力的）自然条件，所以先天的实践概念在与自由的至上原则相关时立刻就成为知识，可以不为了获得意义而期待直观，而且出自这一值得注意的理由，即它们是自己产生出它们与之相关的东西的现实性（意志的意向）的，而这根本不是理论概念的事情。只不过人们千万要注意，这些范畴所关涉的只是一般的实践理性，并这样在它们的秩序中从道德上尚未规定的和以感性为条件的范畴前进到不以感性为条件的，仅仅由道德法则来规定的范畴。

〔66〕

**善与恶的概念方面的自由范畴表**

1.
**量**
主观的、按照准则的（**个人的意志意见**）
客观的、按照原则的（**规范**）
先天地既是客观的又是主观的自由原则（**法则**）

2.
**质**
践行的实践规则
（praeceptivae［指令性的］）
舍弃的实践规则
（prohibitivae［禁止性的］）
例外的实践规则
（exceptivae［除外性的］）

3.
**关系**
与**人格**的关系

与个人**状态**的关系

个人与其他个人的状态的**交互**关系

4.
**模态**
**允许**的事情和**不允许**的事情
**义务**和**违背义务**的事情
**完全**的义务和**不完全**的义务

〔67〕　人们在这里很快就将察觉，在这个表中自由就通过它而可能的那些作为感官世界中的显象的行动而言，被视为一种并不服从经验性的规定根据的因果性，因而与这些行动的自然可能性的诸范畴相关，然而，每个范畴都被看做是如此普遍的，以至于那个因果性的规定根据也能够被认定是外在于感官世界而处在作为一个理知存在者的属性的自由之中的，直到诸模态范畴引入从一般的实践原则向道德原则的过渡，但这种引入只是**或然的**，然后道德原则才能够通过道德法则被**独断地**展示出来。

我在这里对目前这个表的解释不再附加任何东西，因为它自身就是足够明晰的。这样的按照原则拟定的划分无论是在它的彻底性上还是在明晰性上都是很有助于一切科学的。例如，人们从上表及其第一栏马上就知道，我们在实践的考虑中必须从哪里开始：从每个人建立在他的偏好之上的准则开始，从有理性的存在者就其在某些偏好上相一致而言对它们的类都有效的规范开始，最后是从对一切人都有效而不管它们的偏好的法则开始，等等。以这种方式，人们就概览了我们应当做的事情的整个计划，甚至概览了实践哲学的每一个必须回答的问题，同时概览了必须遵循的次序。

## 纯粹实践判断力的模型论

善和恶的概念首先为意志规定一个客体。但它们自身却服从理性的一条实践规则，如果理性是纯粹理性的话，这条规则就先天地在意志的对象方面规定意志。现在，一个在感性中对我们来说可能的行动是不是服从这条规则的情况，对此就需要实践的判断力了，通过实践的判断力，在规则中被普遍地（抽象地）说出的东西就被具体地应用到一个行动上。但是，由于纯粹理性的一条实践规则，**第一**，作为**实践的**而涉及一个客体的实存；**第二**，作为纯粹理性的**实践规则**而带有就行动的存在而言的必然性，因而是实践的法则，而且不是通过经验性的规定根据而来的自然法则，而是一个自由法则，按照这法则，意志应当是能够独立于一切经验性的东西（仅仅通过一个一般法则及其形式的表象）而得到规定的，但对于可能行动来说所出现的一切情况却都只能是经验性的，亦即属于经验和自然。所以，看起来荒唐的是，要在感官世界发现一种情况，它既然就此而言永远仅仅服从自然法则，却又允许一条自由法则运用于其上，而且应当在其中具体地展示出来的道德上的善的超感性理念也能够运用于其上。因此，纯粹实践理性的判断力承受着与纯粹理论理性的判断力同样的一些困难，但后者手中仍然有走出这些困难的一种手段，也就是说，因为就理论应用而言，事情取决于纯粹知性概念能够运用于其上的直观，这些直观（尽管只是关于感官对象的）毕竟能够先天地，从而就杂多在其中的联结而言先天地按照纯粹知性概念（作为**图型**）被给予出来。与此相反，道德上的善是某种按照客体来说超感性的东西，因而不可能为它在感性直观中找到某种相应的东西，所以，从属于纯粹实践理性的法则的判断力看来就承受着一些特殊的困难，这些困难乃是基于，一条自由法则应当被运用于作

[68]

为事件的行动,而这些事件却是在感官世界中发生的,因而就此来说属于自然。

然而,这里却又给纯粹的实践判断力展开了一个有利的前景。在把一个在感官世界中对我来说可能的行动归摄在一个**纯粹实践法则**之下时,并不涉及该**行动**作为感官世界中的一个事件的可能性;因为这可能性应当由理性的理论应用按照因果性法则来评判,因果性是一个纯粹知性概念,理性在感性直观中对这一概念有一个**图型**。物理的因果性或者它的发生所服从的条件隶属于自然概念,这些概念的图型是先验的想象力所拟定的。但这里所涉及的不是一种按照法则的情况的图型,而是一个法则本身的图型(如果这个词在这里合适的话),因为**意志规定**(不是与其后果相关的行动)仅仅通过法则而无须一个别的规定根据,就把因果性概念与完全不同于构成自然联结的那些条件的种种条件结合起来了。

〔69〕

自然法则作为感性直观的对象本身所服从的法则,必须有一个图型,亦即想象力的一种普遍的程序(把法则所规定的纯粹知性概念先天地展示给感官)与之相应。但对于自由法则(作为一种根本不是感性上有条件的因果性),因而甚至对于无条件的善的概念,却不能为了其运用而具体地加上任何直观,从而加上任何图型。所以,道德法则除了知性(不是想象力)之外,就没有别的促成其在自然对象上的运用的认识能力了,而知性能加给一个理性理念的并不是一个感性**图型**,而是一个法则,但却是这样一个能够在感官对象上具体得到展示的法则,因而是一个自然法则,但只是就其形式而言,是为了判断力的法则,因此我们可以把这法则称为道德法则的**模型**。

纯粹实践理性的诸法则之下的判断力的规则就是这条规则:问一问你自己,你打算采取的行动如果应当按照你自己也是其一部分的自然的一条法则发生的话,你是否能够把它视为通过你的意志而可能的。实际上,每个人都在按照这条规则来评判行动在道德上是善的还是恶的。于是人们说:如果**每一个人**在他相信设法得到自己的好处时都允许自己去行骗,或者一旦他产生对生活的完全厌倦就认为有权缩短自己的生命,或者对别人的急难视若无睹，而你却一起置身于事物的这样一种秩序中，那么，你会怎样对待你的意志的赞同呢？现在，每一个人都知道：如果他允许自己暗中行骗，并不是每一个人都会因此而这样做，或者如果他不被察觉地心肠硬，并不是每一个人都会马上也这样对待他；因此，他的行动的准则与一条普遍的自然法则的这种比较也并不是他的意志的规定根据。但是，自然法则毕竟是评判他的行动的准则的一个**模型**。如果行动的准则不是这样的性状，使它经受一般自然法则的形式的检验，它在道德上就是不可能的。甚至最普通的知性也是这样作判断的；因为自然法则永远是知性的一切最平常的判断，甚至经验判断的基础。因此，知性在任何时候都持有自然法则，只是在应当对出自自由的因果性作出评判的那些场合里，它仅仅使那个**自然法则**成为**自由法则**的模型罢了，因为知性如果不持有某种它能够使之成为经验场合中的实例的东西，就不能使一个纯粹实践理性的法则在运用时获得应用。[70]

因此，把**感官世界的自然**用做一个**理知的自然的模型**，这也是允许的，只要我不把直观和依赖于直观的东西转用到后一种自然上，而是仅仅把一般**合法则性的形式**（其概念甚至出现在最普通的理性应用中，但并不是在于别的任何意图，而仅仅是为了理性的纯粹实践应用才能够先天确定地被认识）与之相联系。因为法则本身就此而言是一样的，不管它们会从何处取得自己的规定根据。

此外，既然在一切理知的东西中，绝对只有（凭借道德法则的）自由，而且自由也只是就它是一个与道德法则不可分割的预设而言，此外还有自由按照那个法则的指导会把我们导向的所有那些理知对象，才又对我们来说不具有别的任何实在性，而仅仅具有为了同一个道德法则和纯粹实践理性的应用的实在性，但纯粹实践理性有权利，亦有必要把自然（根据其纯粹知性形式）用做判断力的模型：所以，目前这个说明乃是用来防止把仅仅属于概念的**模型论**的东西算做概念本身。因此，这个模型论作为判断力的模型论，保护人免受实践理性的**经验论**的危害，这种经验论把善和恶的实践概念仅仅设定在经验后果（所谓的幸福）之中，尽管幸福和一个由自爱规定的意志的那些极为有用的后果在这个意志同时使自己成为普遍的自然法则时当然可以用做道德上的善的完全合适的模型，但与这个模型毕竟不是一回事。这同一个模型论也保护人免受实践理性的**神秘主义**的危害，这种神秘主义把只是用做**象征**的东西当做**图**[71]**型**，也就是把现实的但却非感性的直观（对一个不可见的上帝之国的直观）加给道德概念的运用，而漫游到越界的东西里面。惟有判断力的**理性论**才适合道德概念的应用，它除了理性自己也能够思维的东西，亦即合法则性之外，不再从感性自然中索取任何东西，而且除了反过来通过感官世界中的行动按照一般自然法则的形式规则现实地得以展示的东西之外，不把任何东西带进超感性的自然。然而，对实践理性的**经验论**的防范却更为重要和更为值得推荐得多，因为**神秘主义**毕竟还是与道德法则的纯粹性和崇高性共容的，此外，把道德法则的想象力拔高到超感性的直观，这也是不那么自然，不那么适合普通的思维方式的，因而在这方面危险并不是那么普遍；与此相反，经验论则在意向中（人类能够和应当通过行动使自己获得的高尚价值毕竟在于意向，而不仅在于行动）把道德连根拔除，并将某种完全不同的东西，亦即诸偏好一般而言在自己中间推动交往所凭借的一种经验性的利益，来取代义务而加给意向，此外，也正因为如此而连同一切如果被提高到一个至上的实践原则的尊严就将贬低人类的偏好（不管它们被剪裁成什么样子），并由于这些偏好仍然如此有利于一切人的性情，出自这一原因而比所有的狂热都更为危险，后者绝不能构成许多人的一种持久状态。

# 第三章
## 纯粹实践理性的动机

行动的一切道德价值的本质取决于**道德法则直接规定意志**。如果对意志的规定虽然是按照道德法则发生的，但却是借助于一种情感，不管为了使道德法则成为意志的充足规定根据而必须预设的这种情感是什么性质的，因而不是**为了这法则**而发生的，那么，这行动就将虽然包含**合法性**，却不包含**道德性**。现在，如果**动机**（elater animi〔灵魂的激动〕）被理解为一个存在者的意志的主观规定根据，这个存在者的理性并不是已经由于它的本性就必然符合客观法则的，那么，由此将首先得出：人们根本不能赋予属神的意志以任何动机，但属人的意志（以及任何被造的有理性存在者的意志）的动机绝不能是某种别的东西，只能是道德法则，因而客观的规定根据在任何时候都必须是，并且惟有它才同时必须是行动的主观上充分的规定根据，如果这行动不是仅仅应当实现法则的**字句**，却不包含法则的**精神**①的话。〔72〕

因此，既然人们为了道德法则的缘故，并且为了使它获得对意志的影响，必须不寻求任何另外的、有可能缺乏道德法则的动机，因为这一切会造成不能持久的十足伪善，甚至哪怕只是除道德法则**之外**还让一切别的动机（作为好处的动机）一起发挥作用，这也是**令人忧虑的**；所以，剩下来的就无非是审慎地去规定，道德法则以何种方式成为动机，以及由于动机是道德法则，对于人的欲求能力来说，将发生什么事情来作为那个规定根据对人的欲求能力的作用。因为一条法则如何能够独自并且直接成为意志的规定根据（这毕竟是一切道德性的本质），这是一个对于人的理性来说无法解决的问题，而且与一个自由意志如何可能的问题是一回事。因此，我们将要先天地指出的，不是道德法则在自身中充当一个动机由以出发的根据，而是就道德法则是这样的动机而言，这动机在心灵中所起的（更准确地说，必然起的）作用。

由道德法则对意志所作的一切规定的本质就是：意志作为自由的意志，因而并不仅仅是没有感性冲动的参与，而且是甚

---

① 对于任何合乎法则但却不是为了法则而发生的行动，人们都可以说：它仅仅按照**字句**、但并非按照**精神**（意向）是道德上善的。

第一部分　纯粹实践理性的要素论

至拒绝一切感性冲动，并在一切偏好可能违背那个法则时就中止这些偏好，这意志是仅仅由法则来规定的。所以就此而言，道德法则作为动机的作用仅仅是否定的，而且作为这样的动机，这动机是能够被先天地认识的。因为一切偏好以及任何感性冲动都是基于情感的，而对情感（通过偏好所遭到的中止）的否定作用本身也是情感。所以我们可以先天地看出，道德法则作为意志的规定根据，由于它损害我们的一切偏好，就必定会造成一种可以被称为痛苦的情感，而且在这里我们就有了第一个实例，也许还是惟一的实例，在其中我们有可能从概念出发先天地规定一种知识（在这里就是一种纯粹实践理性的知识）与愉快或者不快的情感的关系。所有的偏好一起（它们当然也可以被归入一个尚可忍受的体系，而它们的满足在这种情况下就叫做自己的幸福）构成了**自私**（solipsismus［唯我主义］）。这种自私要么是**自爱**的，即对自己本身的一种超出一切的**宠爱**的自私（Philautia［爱己］），要么是对自己感到**满意**的自私（Arrogantia［自负］）。前者特别叫做**自重**，后者特别叫做**自大**。纯粹实践理性对自重所做的仅仅是**中止**，因为它把这样一种自然的、且在道德法则之前就在我们心中活跃的自重仅仅限制在与这个法则相一致的条件上；然后这自重就被称为**有理性的自爱**。但纯粹实践理性却干脆**击毁**自大，因为在与道德法则相一致之前发生的对自我赏识的一切要求都是一钱不值的和没有资格的，因为恰恰与这个法则相一致的一个意向的确定性乃是人格的一切价值的第一条件（如我们马上就将说明的那样），而一切先于这个条件的妄求都是错误的和违背法则的。现在，就自我赏识仅仅基于感性而言，这种癖好也属于道德法则所中止的偏好之列。所以道德法则击毁自大。但既然这个法则毕竟还是某种就自身而言肯定的东西，也就是一种理智的因果性的形式，亦即自由的形式，所以，由于它与主观上的对立物，亦即我们心中的偏好相反**削弱**自大，它同时就是**敬重**的一个对象，而且由于它甚至**击毁**自大，亦即使之谦卑，它就是最大的**敬重**的对象，因而也是一种肯定的情感的根据，这种情感没有经验性的起源，是被先天地认识的。因此，对道德法则的

［73］

敬重是一种通过一个理智根据造成的情感，而这种情感是惟一我们能够完全先天地认识，我们能够看出其必然性的情感。

我们在上一章已经看到：凡是**先于**道德法则作为意志的客体呈现出来的东西，都通过这个作为实践理性的至上条件的法则本身，被以无条件的善的名义从意志的规定根据中排除了，而且，存在于准则对普遍立法的适用性之中的纯然实践形式首先规定着就自身而言且绝对地善的东西，并建立起一个纯粹意志的准则，惟有这个纯粹意志才在一切意图中都是善的。但这时，我们发现我们作为感性存在者的本性具有这样的性状，即欲求能力的质料（偏好的对象，无论这偏好是希望还是恐惧）首先情不自禁地产生，而我们的在病理学上可规定的自我虽然通过自己的准则是完全不适用于普遍的立法的，但仍然致力于预先提出自己的要求，并把这些要求当做最先的和源始的要求提出，就好像这自我构成了我们的整个自我一样。人们可以把这种按照其任性的主观规定根据使自己成为一般意志的客观规定根据的癖好称为**自爱**，这种自爱如果使自己成为立法者、成为无条件的实践原则，就可以叫做**自大**。现在，惟有道德法则才真正（亦即在一切意图中）是客观的，它完全排除自爱对至上的实践原则的影响，并无限地中止把自爱的主观条件指定为法则的自大。如今，在我们自己的判断中中止我们的自大的东西，就是使人谦卑的东西。因此，道德法则不可避免地使每一个人谦卑，因为每一个人都把自己的本性的感性癖好与道德法则作比较。其表象作为**我们的意志的规定根据**而在我们的自我意识中使我们谦卑的东西，就其是肯定的、是规定根据而言，独自就唤起**敬重**。因此，道德法则即便在主观上也是敬重的一个根据。既然在自爱中遇到的一切东西都属于偏好，而一切偏好都基于情感，因而在自爱中将一切偏好全都中止的东西恰恰因此而必然对情感有影响，所以我们就领会到，如何可能先天地看出，道德法则通过排除偏好和使这些偏好成为至上的实践条件的癖好，亦即自爱对至上的立法的任何参与，就能够对情感发挥作用，这种作用一方面是纯然**否定的**；另一方面，确切地说在纯粹实践理性的限制性根据方面，则是**肯定的**，以

[74]

[75]

及为什么根本不可以把任何特殊种类的情感以一种实践情感或者道德情感的名义假定为先行于道德法则并为之奠定基础的。

对情感（麻烦的情感）的否定性作用，如同对情感的一切影响以及如同任何一般情感一样，是**病理学的**。但作为道德法则的意识的作用，因而在与一种理知的原因，亦即作为至上立法者的纯粹实践理性的主体的关系中，一个有理性的被偏好所刺激的主体的这种情感虽然叫做谦卑（理智的轻视），但在与这种谦卑的肯定的根据亦即法则的关系中，同时又叫做对法则的敬重，对于这种法则来说根本没有任何情感发生，而是在理性的判断中，由于扫清了道路上的阻力，对一个障碍的清除就被等同于对这因果性的一种肯定的促进。因此，这种情感也可以被称为对道德法则的一种敬重的情感，而共同出自这两个理由，它也可以被称为一种**道德情感**。

因此，道德法则就像它通过实践的纯粹理性而是行动的形式上的规定根据一样，就像它以善和恶的名义也是行动对象的质料上的、但却只是客观的规定根据一样，它也是这个行动的主观规定根据，亦即动机，因为它对主体的感性有影响，并造成一种能够促进法则对意志的影响的情感。在这里，主体中没有任何与道德性相配的情感**预先**发生。这本是不可能的，因为一切情感都是感性的；但道德意向的动机却必须是没有任何感性条件的。毋宁说，为我们的一切偏好奠定基础的感性情感虽然是我们称为敬重的那种感觉的条件，但规定这情感的原因却在纯粹实践理性里面，因此这种感觉由于其起源就不能叫做病理学的，而必须是**实践地造成的**；因为道德法则的表象剥夺了自爱的影响和自大的妄念，这就减少了纯粹实践理性的障碍，并产生出其客观法则对感性冲动的优势的表象，因而在理性的判断中相对地（就一个被感性冲动所刺激的意志而言）通过除去对立的重量而产生出其法则的重量。而这样一来，对法则的敬重就不是道德的动机，相反，它就是主观上作为动机来看的道德本身，因为纯粹实践理性由于与自爱相对立而拒绝了自爱的一切要求，从而使现在惟一有影响的法则获得了威严。在此要注意的是：就像敬重是对情感，从而是对一个有理性的存在者的感性的一种作用一样，这种情感也以这种感性，从而以道德法则使其担负起敬重的这样一些存在者的有限性为前提条件，而对于一个最高的、或者甚至摆脱了一切感性的、因而感性也不可能是其实践理性的障碍的存在者来说，是不能赋予它对**法则**的敬重的。

因此，这种情感（以道德情感的名义）是仅仅由理性造成的。它并不用来评判行动，或者干脆去建立客观的道德法则本身，而是仅仅用做动机，以便使道德法则在自身中成为准则。但是，人们能够给这种特殊的、不能与任何病理学的情感相比较的情感更恰当地配上一个什么样的名称呢？它具有如此独特的性质，即它仅仅受理性，确切地说受实践的纯粹理性的支配。

**敬重**在任何时候都仅仅关涉人，而绝不关涉事物。后者能够在我们心中唤起**偏好**，而且如果是动物（例如马、狗等）的话，甚至能够唤起**爱**，或者还唤起**恐惧**，例如大海、一座火山、一头猛兽，但绝不能唤起**敬重**。某种已经接近于这种情感的东西就是**惊赞**，而惊赞作为情绪，亦即惊奇，也能够关涉事物，例如参天的山峰，天体的巨大、繁多和遥远，一些动物的强壮和速度，等等。但这一切都不是敬重。一个人对我来说也能够是一个爱的对象、恐惧的对象，或者惊赞的对象，甚至达到惊奇，但并不能因此就是敬重的对象。他的风趣的性情、他的勇气和强壮、他的力量，通过他在别人中间具有的地位，都能够引起我的这样一些感觉，但总是还缺乏对他的内在敬重。封德耐尔说：**在一个贵人面前我鞠躬，但我的精神不鞠躬**。我可以补充说：在一个身份低微的普通市民面前，如果我在他身上察觉到我在自己本人身上没有意识到的某种程度的品格正直的话，**我的精神鞠躬**，不管我愿意还是不愿意，哪怕我依然昂首挺胸，以免他忽视我的优越地位。这是为什么呢？他的榜样给我出示了一条法则，当我把它与我的举止相比较，并亲眼看到事实证明了对这条法则的遵循，从而证明了这条法则的**可行性**时，它就击毁了我的自大。此时我也可能意识到一种同等程度的正直，而敬重也依然如故。因为既然在人身上一切善都总是有缺陷的，所以，法则通过一个实例而直观化，就总是击毁我的骄傲，对此，我亲眼看到的这位人士就充当着一个尺度，他总还是可能带有的不纯洁性对我来说并不像我自己的不纯洁性那样为我所熟知，因而他对我来说就显得更纯粹。**敬重**是我们无论愿意或者不愿意，都不会拒绝给予功德的一种**称赞**；我们顶多可以在表面上不露声色，但我们却不能防止在内心中感到这种敬重。

**很难说**敬重是一种**愉快**的情感，以至于人们就一个人而言只是不情愿地听任自己敬重。人们试图找出某种东西能够减轻我们敬重的负担，找出某种瑕疵，以便补偿由于这样一个榜样使我们产生的谦卑所造成的损失。就连死去的人，尤其是当他们的榜样显得无法效仿时，也并不总是幸免于这种批判。甚至道德法则，即使其**庄重威严**，也蒙受着这样一种抵制对它的敬重的努力。人们难道认为，除了人们想要摆脱如此严厉地责备我们自己的不配的这种令人害怕的敬重之外，人们之所以喜欢把道德法则贬低成为我们亲切的偏好，可以归咎于某种别的原因吗？难道为了使道德法则成为我们自己应当注意的好处的可爱规范，所作出的这一切努力都是出自别的原因吗？尽管如此，这里面毕竟也又**很难说有什么不快**：人们一旦放弃了自大并允许那种敬重有实践的影响，就又能够对这个法则的壮丽百看不厌，而且灵魂在看到这个神圣的法则高踞于自己和自己的脆弱本性之上时，就相信在同样的程度上提高了自己。虽然伟大的天才们和与他们相称的活动也可以造成敬重或者一种与敬重类似的情感，而且把这种情感献给他们也是完全合适的，而此时看起来就好像惊赞与那种感觉是一回事。然而，人们如果更仔细地观察，就将注意到，既然在这种技巧上生而具有的天才占多大份额，通过自己的勤奋而来的修养占多大份额，这永远还是不确定的，所以理性就以揣测的方式把这种技巧向我们表现为修养的结果，因而表现为功德，这明显地降低了我们的自大，并且要么在这方面责备我们，要么责成我们以适合于我们的方式来追随这样一个榜样。因此，它并不是纯然的惊赞，它是我们对这样一个人物（真正说来是对他的榜样向我们出示的法则）表示的敬重；这一点也由此得到证实，即成群平庸的倾慕者在相信从别的什么地方打听到了这样一个人物（如伏尔泰）品性上的劣迹时，就放弃了对他的所有敬重，但真正的学者却至少着眼于他的天才，还总是感到这种敬重，因为他本人卷入一种事务和职业中，这就使他在某种程度上把效仿此人当成他的法则。

因此，对道德法则的敬重是惟一的、同时无可怀疑的道德动机，就像这种情感也不指向任何别的客体，而只指向出自这个根据的客体一样。首先，道德法则客观地和直接地在理性的判断中规定着意志；但其因果性惟有通过法则才能得到规定的自由却正是在于，它把一切偏好，因而把对人格本身的赏识都限制在对其纯粹法则的遵循这个条件上。现在，这种限制就对情感发生作用，并产生出从道德法则出发能够先天地认识到的不快的情感。但是，既然这种限制仅仅就此而言是**一种否定性的**作用，它作为从一个纯粹的实践理性的影响中产生出来的作用，尤其在偏好是主体的规定根据时中止主体的活动，从而中止对他的个人价值（这种价值不与道德法则相一致就被贬为一钱不值）的意见，所以，法则对情感的这种作用就仅仅是使之谦卑，因为我们虽然能够先天地看出这种使之谦卑，但在它这里却不能认识到作为动机的纯粹实践法则的力量，而只能认识到对感性动机的阻抗。但是，既然同一个法则毕竟在客观上、亦即在纯粹理性的表象中是意志的一个直接的规定根据，因而这种使之谦卑只是相对于法则的纯粹性才发生，所以，在感性方面对道德上的自我赏识的要求的贬低，亦即使之谦卑，就是在理智方面对法则本身的道德赏识、亦即实践赏识的提高，一言以蔽之，就是对法则的敬重，因而也是一种就其理智原因而言的肯定性情感，这种情感是被先天地认识到的。因为对一个活动的障碍的任何一种减少都是对这个活动本身的促进。但是，对道德法则的承认就是对实践理性出自客观根据的一个活动的意识，这个活动只是由于主观原因（病理学的原因）对它的阻碍才没有在行动中表现出它的作用。所以，对道德法则的〔79〕

敬重也必须被看做这法则对情感的肯定的、但却间接的作用，只要这法则通过使自大变得谦卑而削弱各种偏好的阻碍性影响，因而也必须被看做活动的主观根据，亦即被看做遵循这法则的**动机**，以及被看做一种符合这法则的生活风格的种种准则的根据。从动机的概念中产生出一种**兴趣**的概念，这兴趣永远只能赋予一个有理性的存在者，并且指的是意志的**动机**，只要这动机**通过理性被表现出来**。既然法则本身在一个道德上善的意志中必须是动机，所以**道德上的兴趣**就是纯然实践理性的一个纯粹的、摆脱感官的兴趣。在兴趣的概念之上，也建立起一个**准则**的概念。因此，准则也只有在它基于人们对遵循法则所怀有的纯然兴趣时，才在道德上是纯正的。但所有这三个概念，即**动机**概念、**兴趣**概念和**准则**概念，都只能被运用于有限的存在者。因为它们全都以一个存在者的本性的一种受限制性为前提条件，原因在于该存在者的任性的主观性状与一个实践理性的客观法则并不是自动地协调一致的；这就有一种通过推动某种东西而活动的需要，因为某种内在的障碍是与这种活动相对立的。因此，这些概念不能运用于属神的意志。

[80] 在对纯粹的、被去除了一切利益的道德法则的无限尊崇中，有某种如此特别的东西，就像实践理性把它表现给我们来遵循那样，而实践理性的声音甚至使最大胆的恶徒也感到战栗，并迫使他躲避这法则的目光一样，以至于不必为发现纯然理智的理念对情感的这种影响对于思辨理性来说无法解释，不得不满足于毕竟还能先天地看出这样一种情感不可分割地与每个有限的理性存在者心中的道德法则的表象结合在一起，而感到奇怪。假如这种敬重的情感是病理学的，因而是一种基于内部**感官**的愉快情感，那么，要揭示这敬重与某个先天理念的结合就会是白费力气了。但现在，它是一种仅仅关涉实践的东西的情感，而且这种情感仅仅按照法则的形式，而不是由于法则的某个客体而与法则的表象相联系的，因而既不能被算做快乐，也不能被算做痛苦，尽管如此却产生出对遵循法则的一种**兴趣**，我们把这兴趣称为**道德兴趣**；就像对法则有这样一种兴

趣的能力（或者对道德法则本身的敬重）真正说来也是**道德情感**一样。

意志对法则的一种**自由的**服从是与一种不可避免的、但仅仅由自己的理性施之于一切偏好的强制结合在一起的，这种意识就是对法则的敬重。要求并且也引起这种敬重的法则，如人们看到的那样，不是别的法则，而只是道德法则（因为没有任何别的法则排除一切偏好对意志的影响的直接性）。行动按照这一法则借排除一切出自偏好的规定根据而在客观上是实践的，就叫做**义务**，义务因这种排除之故而在其概念中如此**不情愿地**包含着实践上的**强迫**，亦即去行动的规定，不论这些行动如何发生。从这种强迫的意识产生的情感不是病理学的，不是作为这样一种由感官的一个对象引起的情感，而是仅仅实践上的，亦即通过一个先行的（客观的）意志规定和理性的因果性才可能的。因此，作为对一个法则的**服从**，亦即作为命令（它对受到感性刺激的主体宣布强制），这种情感并不包含任何愉快，而是就此而言毋宁说在自身中包含着对行动的不快。但相反，既然这种强制只是通过**自己的**理性的立法而实施的，这情感也包含着**提升**，因而对情感的主观作用，就纯粹的实践理性是其惟一的原因而言，可以叫做只是纯粹实践理性方面的**自我批准**，因为人们认识到自己是没有任何兴趣而仅仅通过法则被规定为这样的，并从此意识到一种完全不同的、由此而在主观上产生出来的兴趣，这兴趣是纯粹实践的和**自由的**，对一个合乎法则的行动有这种兴趣，绝不是一种偏好建议的，而是理性通过实践法则绝对地命令以及现实地产生的，但因此也就带有一个完全独特的名称，即敬重这个名称。

〔81〕

因此，义务的概念**在客观上**要求行动与法则一致，但在主观上则要求行动的准则对法则的敬重，作为法则对意志的惟一规定方式。**合乎法则地**行动的意识和**出自义务**，亦即出自对法则的敬重而行动的意识之间的区别就基于这一点，其中前者（合法性）即便在仅仅偏好是意志的规定根据的时候也是可能的，但后者（道德性），即道德价值，则必须仅仅被设定在这一点上，即行动乃是出自义务而发生的，亦即仅仅为了法则的缘故而发生的。①

在一切道德评判中极为仔细地注意一切准则的主观原则，以便把行动的一切道德性设定在行动出自**义务**和出自对法则的敬重，而不是出自对这些行动应当产生的东西的喜爱和好感的必然性上，这是极为重要的。对于人以及一切被创造的理性存在者来说，道德的必然性都是强迫，亦即责任，而基于责任的行动都必须被表现为义务，而不是被表现为一种已经被自己所喜爱，或者能够被自己所喜爱的做法。就好像我们在某个时候能够做到，无须与对逾越的恐惧或者至少是担忧相结合的那种对法则的敬重，我们就能够像那超越一切依赖性的神祇那样自发地仿佛是通过意志与道德法则的一种已经成了我们的本性的、永远不可更移的一致（因此，既然我们绝不可能被诱惑去背弃道德法则，道德法则最终也就有可能根本不再对我们来说是命令），在某个时候拥有意志的一种**神圣性**似的。

也就是说，道德法则对于一个极完善的存在者的意志来说是一个**神圣性**的法则，但对于每个有限的理性存在者的意志来说则是一个**义务**的法则，是道德强迫的法则，是通过对这法则的**敬重**并出自对他的义务的敬畏来规定他的行动的法则。必须不把一个别的主观原则假定为动机，因为若不然，行动的结果虽然能够像法则指定它的那样，但由于这行动尽管是合乎义务的，但却不是出自义务发生的，对此的意向就不是道德的，而在这种立法中真正说来关键就是意向。

出自对人们的爱和同情的好意而对他们行善，或者出自对秩序的爱而处事公正，这是很美好的，但这还不是我们行为的

---

① 如果仔细地斟酌对人格的敬重这个概念，就像它在前面已被阐明的那样，那么，人们就将察觉到，它总是基于一种给我们出示一个实例的义务的意识，所以敬重绝不能有一个别的根据，而只能有一个道德上的根据，而在我们使用这一表述的地方，处处都注意人在他的评判中对道德法则持有的那种隐秘的和值得惊叹的、但在此也经常出现的顾忌，这是很好的，甚至在心理学方面对人的知识也是很有用的。

真正的、与我们在**作为人**的理性存在者中间的立场相适合的道德准则，如果我们自以为能够仿佛作为见习生以骄傲的自负置义务的思想于不顾，并且不依赖于命令，要从自己的愉快出发去做我们不需要任何命令就会去做的事情的话。我们置身于理性的**纪律**之下，并且在我们顺从这一纪律的一切准则时都不得忘记，不要从它去除任何东西，或者由于我们虽然符合法则地设定我们意志的规定根据，但却把它设定在不同于法则本身和对法则的敬重的地方而通过自重的妄念对法则的威望有所减损（尽管它是我们自己的理性所立的法）。义务和本分是我们必须仅仅给予我们与道德法则的关系的称谓。我们虽然是一个通过自由而可能的、由实践理性介绍给我们去敬重的道德之国的立法成员，但毕竟同时是这个国的臣民，而不是它的元首，而错认我们作为受造者的地位等级并对神圣法则的威望作出自大的拒斥，这已经是在精神上对这法则的背弃了，哪怕这法则的字句得到了履行。〔83〕

但是，与此完全协调一致的是如下这样一条诫命的可能性：**爱上帝甚于一切，并爱你的邻人如爱你自己**①。因为它毕竟是作为命令而要求对**指示人去爱**的法则加以敬重，而不是把使这爱成为自己的原则这件事托付给随意的选择。但是，对上帝的爱作为偏好（病理学的爱）是不可能的；因为上帝不是感官的对象。这样一种爱对人来说虽然是可能的，但却不能被命令；因为仅仅遵命去爱某个人，这是任何人都没有能力做到的。因此，这仅仅是在一切法则的那个核心中被理解的**实践的爱**。爱上帝，在这种意义上就叫做**乐意**执行上帝的诫命；爱邻人，就叫做**乐意**履行对邻人的一切义务。但是，使这成为规则的命令却也不能命令人在合乎义务的行动中**具有**这种意向，而是只能命令人朝这一点**努力**。原因在于，一个要人们乐意做某事的命令是自相矛盾的，因为如果我们已经自发地知道我们有

---

① 与这法则构成了一种奇特的对比的，是一些人想使之成为道德的至上原理的自身幸福的原则；它可以这样来表述：**爱你自己甚于一切，但爱上帝和你的邻人则是为你自己的缘故**。

责任去做什么，如果我们除此之外也意识到自己乐意去做此事，这方面的一个命令就是完全不必要的，而且如果我们虽然做了此事，但恰恰不是**乐意**的，而是仅仅出自对法则的敬重，那么，一个使这种敬重正好成为准则的动机的命令所起的作用就会恰恰与所命令的意向背道而驰。因此，那条一切法则的法则与福音书的一切道德规范一样，是把道德意向在其全部完善性中展示出来，就像它作为一个神圣性理想是任何受造者都达不到的，但仍然是我们应当努力去接近，并在一个不断的但却无限的进程中与之相同的范型一样。也就是说，假如一个有理性的受造者在某个时候能够做到完全乐意去执行一切道德法则，那么，这就会等于是说：在他心中就连诱惑他背离这些道德法则的一种欲望的可能性也不会存在；因为要克服这样一种欲望就总是要求主体作出牺牲，因而需要自我强制，亦即内心

[84] 强迫去做人们并不完全乐意去做的事情。但是，一个受造者永远不可能达到道德意向的这个等级。因为既然它是一个受造者，因而就它达到对自己的状况完全心满意足所要求的东西而言总是有依赖的，所以，它永远不能完全摆脱欲望和偏好，欲望和偏好由于以物理原因为依据，不会自发地与来源完全不同的道德法则相一致，因而它们在任何时候都使得有必要考虑到它们而把受造者的准则的意向建立在道德强迫上，即不是建立在心甘情愿的服从上，而是建立在对法则的哪怕是不乐意地发生的遵循所要求的敬重上，不是建立在那并不担心意志对法则的任何内在拒绝的爱上，但仍然使这种爱，亦即纯然对法则的爱（因为在这种情况下，法则就会不再是**命令**了，而主观上要转变为神圣性的道德性也会不再是**德性**），成为自己努力的不懈目标，哪怕是无法达到的目标。因为对于我们所尊崇、但却（因为对我们的软弱的意识）畏惧的东西来说，由于更容易适应它，充满敬畏的畏惧就转变成好感，敬重就转变成爱；至少这会是一个致力于法则的意向的完成，如果一个受造者有朝一日有可能达到这种意向的话。

这一考察在这里的目的，并不仅仅是用清晰的概念来表达前述福音书的诫命，以便遏制或者尽可能预防在对上帝的爱方

面的**宗教狂热**，而是也要直接在对人的义务方面精确地规定道德意向，并遏制或者尽可能预防那感染着许多人头脑的**纯然道德**的狂热。人（按照我们的一切洞识，也包括任何有理性的受造者）所处的道德等级就是对道德法则的敬重。使人有责任遵循道德法则的那种意向就是：出自义务，而不是出自自愿的好感，也不是出自至多不经命令的、自发乐意作出的努力，去遵循道德法则，而人一向都能够处于其中的那种道德状态就是**德性**，亦即**在斗争中**的道德意向，而不是**在**自以为拥有意志的意向的一种完全的**纯洁性时**的**神圣性**。这完全是道德上的狂热和自大的升级，为此人们通过鼓励去行动而使心灵更为高贵、更为崇高和更为大度，由此而把心灵置入妄念中，就好像构成他们的行动的规定根据，并一再使他们通过遵循法则（**服从法则**）而变得谦卑的不是义务，亦即对他们即便不乐意也必须承受其轭具（尽管如此，这轭具由于是理性本身给我们架上的，所以是柔和的）的法则的敬重；反倒那些行动不是出自义务，而是作为纯粹的功德而期待于他们似的。因为不仅他们通过对这样的行为，亦即出自这样的原则的行为的模仿，丝毫也没有符合法则的精神，这精神在于服从法则的意向，而不在于行动的合法则性（不管原则是什么样的原则），而且他们是**在病理学上**（在同情中或者也在爱己中）、不是在道德上（在法则中）设定动机的，这样，他们就以这种方式产生了一种轻浮的、浮光掠影的、幻想的思维方式，即自以为自己的心灵有一种自愿的驯顺，这心灵既不需要鞭策也不需要管束，对它来说甚至一个命令也是没有必要的，而且在这方面忘掉了他们本应先于功德予以考虑的职责。别人的那些以巨大的牺牲，而且纯然为了义务所发生的行动，当然可以在**高贵的**和**崇高的**行为的名义下得到赞扬，但也惟有在存在着使人猜测这些行动完全是出自对他的义务的敬重，而不是出自心血来潮所发生的迹象时才是这样。但是，如果人们要把这些行动当做仿效的榜样介绍给某人，那么，就绝对必须把对义务的敬重（作为惟一真正的道德情感）用做动机；这种严肃的、神圣的规范并不听任我们虚荣的自爱用病理学的冲动（就它们与道德性相类似而言）来戏

[85]

要,以及为**值得赞扬的**价值而沾沾自喜。只要我们好好搜索一下,我们就将在一切值得赞颂的行动上都已经发现一条义务法则,它在**颁布命令**,而不让事情取决于我们那可能让我们的癖好喜欢的心愿。这是惟一在道德上塑造灵魂的阐述方式,因为惟有它才能胜任稳定的和精确规定了的原理。

如果最一般意义上的**狂热**就是按照原理作出的对人类理性界限的一种逾越,那么,**道德上的狂热**就是这种对人类实践的纯粹理性所设定的界限的逾越,人类实践的纯粹理性通过这界限禁止把合乎义务的行动的主观规定根据,亦即这些行动的道德动机设定在除法则本身之外的其他任何地方,禁止把由此带入准则的意向建立在除对这法则的敬重之外的任何别的地方,从而命令使既消除一切**狂妄自大**也消除虚荣的**爱己**的义务思想在人心中成为一切道德性的最高**生活原则**。

〔86〕

因此,如果是这样,那么,不仅小说家或者敏感的教育家(尽管他们还如此竭力地反对敏感性),而且有时甚至哲学家,乃至于一切哲学家中最严格的斯多亚学派,都引入了**道德上的狂热**来取代冷静的、但却是睿智的道德训练,尽管后者的狂热更多地具有英雄气概,前者的狂热则具有陈腐和故作感伤的性状,而且人们可以用不着伪装而完全忠实地照着福音书的道德教诲说:福音书首先通过道德原则的纯粹性,但同时也通过这原则与有限存在者的局限的适合,而使人的一切正当行为都服从一种置于他们眼前的、不让他们在道德上所梦想的完善性之下狂热起来的义务的管教,并给喜欢错认自己的界限的自大和自重设定了谦卑(亦即自知)的限制。

**义务**!你这崇高的、伟大的名字!你在自身中不包容任何带有谄媚的讨好之物,而是要求服从,但也不为了打动意志而作出任何在心灵中激起自然的厌恶和使人害怕的威胁,而只是树立一条法则,这法则自动地在心灵中找到入口,但却甚至违背意志而为自己赢得崇敬(即使并不总是赢得遵循),面对这法则,一切偏好都哑口无言,尽管它们暗地里抵制它:你的可敬的起源是什么呢?人们在哪里找到你那高傲地拒绝了与偏好的一切亲缘关系的高贵出身的根呢?从哪条根生长出来,才是人们惟一能够自己给予自己的那种价值的不可缺少的条件呢？

这东西不可能逊于把人提升到自己本身（作为感官世界的一个部分）之上的东西，逊于把人与惟有知性才能思维的事物秩序联结起来的东西，而这事物秩序同时下辖整个感官世界，以及人在时间中的经验性上可规定的存在和一切目的的整体〔87〕（惟有这整体才是与作为道德法则的这样一些无条件的实践法则相适合的）。这东西无非就是**人格性**，亦即对整个自然的机械作用的自由和独立，但同时被视为一个存在者的能力，这个存在者服从自己特有的，亦即由他自己的理性所立的纯粹实践法则，因而人格作为属于感官世界的，就其同时属于理知世界而言，服从于它自己的人格性；因为不必奇怪，人作为属于两个世界的，必须不是以别的方式，而是崇敬地在与他的第二个和最高的使命的关系中看待他自己的本质，并以最高的敬重看待这种使命的法则。

如今，在这个起源之上，建立起一些按照道德理念来标明对象的价值的表述。道德法则是**神圣的**（不可侵犯的）。人虽然够不神圣了，但在他的人格之中的**人性**对他来说却必须是神圣的。在整个创造中，人所想要并能够有所支配的一切都可以**仅仅作为手段**来使用；惟有人亦即每一个理性造物是**目的自身**。因为人凭借其自由的自律而是那本身神圣的道德法则的主体。正是由于自由的缘故，每个意志，甚至每个人格自己特有的、针对他自己的意志，都被限制在与理性存在者的**自律**相一致这个条件上，也就是说，不使理性存在者服从任何不按照一个能够从承受主体本身的意志中产生出来的法则而可能的意图；因此，这个存在者绝不可以仅仅被用做手段，而是同时本身也用做目的。就世界上作为上帝意志的造物的理性存在者而言，我们有理由甚至把这个条件赋予上帝的意志，因为这个条件基于理性存在者的**人格性**，惟有通过它，理性存在者才是目的自身。

这个把我们的本性（按照其使命）的崇高置于我们眼前的、唤起敬重的人格性理念，由于它同时使我们注意到我们的行为在这种崇高方面欠缺适合，并由此消除了自大，因而甚至对于最普通的人类理性来说也是自然的和容易发觉的。难道不是每个哪怕仅仅中等诚实的人也发现，一个通常无害的谎言，他借此或者能够使自己摆脱一件烦人的事务，或者甚至为一个所爱的值得赞扬的朋友谋取利益，但他却放弃了，以免在他自己的眼中轻视他自己？一个正直的人，处身于生活的极大不幸之中，只要他能够漠视义务，就能够避免这种不幸，难道不还是这种意识支持了他，即他毕竟保持了他的人格中的人性的尊严并尊重了这种人性，他在他自己面前没有理由感到羞愧，没有理由畏惧自我反省的内在目光？这种慰藉不是幸福，也不是幸福的极小部分。因为没有人会期望自己有这种机会，也许甚至不期望有一种在这样的情景中的生活。但是他活着，并且不能忍受在他自己的眼中配不上这种生活。因此，这种内心的抚慰对于一切能够使生活舒适的对象来说都是纯然否定性的；也就是说，这种抚慰是在他完全放弃了自己的状态的价值之后，对在人格价值中沉沦这种危险的阻止。它是对某种完全不同于生活的东西的敬重的结果，与这种东西相比和相对照，生活连同其所有的惬意毋宁说都根本没有任何价值。他只是还出自义务活着，并不是因为他对生活感到丝毫的兴趣。

纯粹实践理性的正直动机就是这样；它无非是纯粹的道德法则本身，只要这法则让我们觉察到我们自己的超感性实存的崇高，并主观上在同时意识到自己的感性存在和与此相结合的对其就此而言很受病理学上刺激的本性的依赖性的人们心中，造成对其更高的使命的敬重。于是，能够与这种动机相结合的就完全可能是生活的如此之多的魅力和惬意，以至于仅仅为了它们的缘故，一个理性的并且对生活的最大福祉反复思考的**伊壁鸠鲁主义者**的最聪明的选择就已经会表示赞同道德善举了，而把对生活的快乐享受的这种展望与那个至上的、独自就已经足以作出规定的动因结合起来，可能也是可取的；但如果谈到义务的话，这只是为了与恶习一定会在相反方面用来骗人的种种诱惑保持一种平衡，而不是为了在这里面设定真正的推动力，哪怕一丝一毫也不行。因为那样的话，就恰恰是要在其源头上污染道德意向。义务的威严与生活享受毫不相干；它有自己特有的法则，而无论人们怎样把这二者搅和到一块，以便把它们混合起来，仿佛是作为药剂交给生病的灵魂，它们却也马上就彼此分离，而如果它们不分离，则前者就根本不起作用，即使自然的生活会在这里获得一些力量，道德生活也毕竟要无可救药地衰落下去。

**对纯粹实践理性批判的分析论的批判性阐明**

我把对一门科学或者它的独自构成一个体系的某个部分所作的批判性阐明，理解为当人们把它与另一个以类似的认识能力为基础的体系进行比较时，对它为什么必须恰好具有这种而不是别样的系统形式所作的研究和辩解。现在，就实践理性和思辨理性都是**纯粹理性**而言，它们都以同样的认识能力为基础。因此，一种理性与另一种理性的系统形式的区别将不得不通过二者的比较来规定，并给出这方面的根据。

纯粹理论理性的分析论讨论的是能够被给予知性的那些对象的知识，所以必须从**直观**、因而（由于直观在任何时候都是感性的）从感性开始，但从这里首先进展到概念（这直观的诸对象的概念），并且惟有在预先准备了这二者之后才可以以原理结束。与此相反，由于实践理性就对象而言所讨论的并不是**认识**它们，而是实践理性自己（根据对这些对象的认识）实现这些对象的能力，也就是说，是一个**意志**，就理性包含着一种因果性的规定根据而言，这意志就是一种因果性，因而理性在这里不是要指明直观的客体，而是（由于因果性概念在任何时候都包含着与一个在相互关系中规定杂多之实存的法则的关系）作为实践理性只需要指明这种因果性的**一条法则**：这样，就这理性应当是一种实践理性而言，它的分析论的一个批判（这是真正的任务）就必须从**先天的实践原理的可能性**开始。〔90〕惟有从这里出发，它才能前进到实践理性的诸对象的**概念**，亦即绝对善和恶的概念，以便根据那些原理首先给出这些概念（因为这些对象根本不可能通过任何认识能力先于那些原理作为善和恶被给予），而且惟有在此之后，最后一章，亦即关于纯粹实践理性与感性的关系及其对感性的必然的、可先天认识的影响的一章，也就是关于**道德情感**的一章，才结束了这个部分。这样，实践的纯粹理性的分析论对其应用的一切条件的整个范围的划分就与理论的实践理性完全类似，但却次序相反。理论的纯粹理性的分析论被分为先验感性论和先验逻辑论，实践的纯粹理性的分析论则相反，分为纯粹的实践理性的逻辑论和感性论（如果允许我在这里仅仅出于类比而使用这些通常根本不适合的命名的话），逻辑论在前者那里又分为概念的分析论和原理的分析论，在后者这里则分为原理的分析论和概念的分析论。感性论在前者那里由于感性直观的双重性质还具有两个部分；在后者这里感性根本不被视为直观能力，而是仅仅被视为情感（它可以是欲求的一个主观根据），而就情感而言，纯粹的实践理性不允许任何进一步的划分。

甚至这种两部分的划分及其进一步的划分在这里并没有真的（如同人们开始时很可能受到前一种划分的榜样的诱惑而去尝试的那样）被实施，其理由也很容易就能够看出。由于是**纯粹理性**在这里就其实践应用而言，因而从先天原理出发而不是从经验性规定根据出发被考察的，所以纯粹实践理性的分析论的这种划分的结果就必定类似一个理性推理的划分，亦即从**大前提**中的普遍的东西（道德原则）出发，通过在**小前提**中实施的归摄，即把可能的行动（作为善的行动或者恶的行动）归摄到那些原理之下，而前进到**结论**，亦即主观的意志规定（一种对实践上可能的善以及建立在它上面的准则的兴趣）。对于已

[91] 经能够确信在分析论中出现的这些命题的人，这样一些比较将使其感到愉快；因为它们有理由引起期望，即也许有朝一日能够一直达到对整个纯粹的理性能力（无论是理论的还是实践的理性能力）的统一性的洞识，并从一个原则中引申出一切来；这是人类理性的不可避免的需要，人类理性惟有在其知识的一种完备的系统统一中才能得到完全的满意。

但现在，如果我们也考察一番我们关于一种纯粹的实践理性并通过这种理性能够拥有的知识的内容，就像纯粹实践理性的分析论将它展示出来那样，那么，在实践理性和理论理性之

间虽然有一种值得注意的类似，却也同样有值得注意的区别。就理论理性而言，**一种纯粹的理性认识的先天能力**可以通过出自各门科学的实例（由于这些科学以如此多种多样的方式通过有计划的应用来检验它们的原则，人们在它们这里不必像在普通知识中那样容易担心暗中掺杂经验性的认识根据）来轻而易举地和明晰地得到证明。但是，纯粹理性不掺杂任何经验性的规定根据，独自就也是实践的，这一点人们却必定能够从最普通的实践理性应用出发来阐明，因为人们把这个至上的实践原理认证为这样一个原理，任何自然的人类理性都认识到它作为完全先天的、不依赖于任何感性材料的原理而是其意志的至上法则。人们必须在科学能够掌握这个原理，以便利用它，就好像它是先行于关于它的可能性的玄想和一切可能从中得出的结论的事实似的之前，就首先按照其起源的纯粹性甚至**在这种普通理性的判断中**对它加以确证和辩护。但是，这种情况也可以从前面刚刚阐述的东西中得到很好的解释，因为实践的纯粹理性必须必然地从原理开始，因而这些原理必须作为最初的材料被奠定为一切科学的基础，而不能首先从科学中产生出来。但是，对作为一种纯粹理性的原理的道德原则的辩护也因此而能够很好地并且以足够的可靠性通过纯然援引普通人类知性的判断来进行，因为一切有可能作为意志的规定根据而混入我们的准则的经验性东西，通过在其激发起欲望时必然附着在意志上的快乐情感或者痛苦情感，马上就使自己成为**可以辨认的**，但那个纯粹实践理性却完全抵制这种情感，不把它作为条件接纳入自己的原则。这些（经验性的和理性的）规定根据的不同，通过一种实践上立法的理性对一切混合的偏好的抵制，通过一种特有的、但并不先行于实践理性的立法、而毋宁说是惟有通过这种立法并且作为一种强制产生出来的**感觉**方式，亦即通过一种敬重的情感——没有任何人对于偏好具有这样的情感，无论这偏好是什么类型的，但对于法则却可以有这样的情感——而变得如此可以辨认，如此突出和显著，以至于任何人类知性，哪怕是最普通的人类知性，都不会在一个呈现在眼前的榜样中瞬间注意到，他虽然会被意愿的经验性根据劝告去追随它

[92]

们的诱惑,但却永远不能苛求他除了仅仅**遵从**纯粹的实践理性法则之外,还遵从别的一种法则。

在**幸福学说**中,经验性的原则构成了整个基础,但对于**道德学说**来说,它们却不构成其丝毫的附加,幸福学说与道德学说的区分在纯粹实践理性的分析论中是它的首要的和最重要的职责性工作,它在这件工作中必须像几何学家在自己的工作中那样**一丝不苟**地,甚至也可以说**吹毛求疵**地行事。但对于在这里(就像任何时候在通过纯然的概念、无须概念的构造而来的理性知识中那样)由于不能把任何直观作为(纯粹本体的)根据而必须与更大的困难作斗争的哲学家来说,毕竟也还有益处的是:他能够几乎像化学家一样,在任何时候都用每个人的实践理性来做试验,以便把道德的(纯粹的)规定根据与经验性的规定根据区别开来;也就是说,如果他把道德法则(作为规定根据)附加在被经验性地刺激起来的意志(例如因通过说谎有所获利而会热衷说谎的意志)之上的话。这就好像是化学家在盐晶中把碱加给石灰溶液似的;盐晶马上就脱离了钙而与碱结合,而钙则沉淀到底下。同样,道德法则持立于通常是一个老实人(或者哪怕这一次仅仅想把自己置于老实人的位置)的人面前,他凭这法则而认识到一个说谎者的卑劣,他的实践理性(在关于应当因他而发生的事情的判断中)马上就抛弃了好处,使自己与那为他保持着对他自己的人格的敬重的东西(诚实)相一致,而好处则被每一个人在摆脱和清洗掉理性(它仅仅完全站在义务一边)的附加物之后予以权衡,以便还可以在别的场合与理性建立联系,只是除了他有可能违背道德法则的场合,道德法则永远不离开理性,而是最密切地与理性结合在一起。

〔93〕

但是,幸福原则与道德原则的这一**区分**并不因此就马上是二者的对立,而且纯粹实践理性并不要求人们放弃对幸福的要求,而是仅仅要求只要谈到义务,就根本**不考虑**幸福。就某个方面来说,照管自己的幸福甚至也可以是义务,这部分地是因为幸福(技巧、健康、财富都属于此列)包含着履行他的义务的手段,部分地是因为幸福的缺乏(例如贫穷)包含着逾越他的义务的诱惑。只不过，促进自己的幸福，这永远不能直接是义务，更不用说是一切义务的原则了。既然意志的一切规定根据除了统一的纯粹实践理性法则（道德的理性法则）之外全都是经验性的，因而作为这样的规定根据属于幸福原则，所以，它们必须全都从至上的道德原理中分离出来，绝不作为条件被归并给道德原理，因为这会取消一切道德价值，正如对几何学原理的经验性掺杂会取消一切数学的自明性这个（按照柏拉图的判断①）数学自身所拥有的最杰出的东西，而这种东西甚至比数学的一切用处都更重要。

但是，不对纯粹实践理性的至上原则作出演绎，亦即不对诸如此类的先天知识的可能性作出解释，所能够列举的就无非是：人们即使看出了一个作用因的自由的可能性，也绝不是仅仅看出了作为理性存在者的至上实践法则的道德法则的可能性，而是完全看出了其必然性，而人们是赋予了这些理性存在者以其意志的因果性的自由的；因为这两个概念是如此不可分割地结合在一起，以至于人们也可以通过意志对于惟独道德法则除外的任何其他东西的独立性来定义实践的自由。然而，一个作用因的自由，尤其是在感官世界里，按照其可能性是绝对不能看出的；只要我们能够充分相信不出现对自由的不可能性的任何证明，并由于要求有自由的道德法则而不得不假定自由，且正由于此而有权假定自由，那就是万幸了！然而，由于还有许多人还总是相信能够像解释任何别的自然能力那样，按照经验性的原则来解释这种自由，并且把它视为**心理学**的属性，其解释仅仅取决于对**灵魂的本性**和意志的动机的一种更仔细的研究，而不是视为一个属于感官世界的存在者的因果性的**先验谓词**（就像事情实际上仅仅取决于此那样），这样就取消了我们通过纯粹实践理性借助于道德法则所遇到的那个美妙的启示，亦即由于认识到自由的那个通常是超验的概念而对一个理知世界的启示，从而也就取消了绝对不假定任何经验性的规

〔94〕

---

① 《国家篇》，522以下。——科学院版编者注

定根据的道德法则本身,所以,有必要在这里为了防止这种幻觉并且赤裸裸地展示经验主义的浅薄,而再作一些引证。

与作为自由的因果性不同的作为**自然必然性**的因果性的概念,仅仅涉及事物的实存,只要这实存是**在时间中可被规定的**,因而是作为显象而与其作为物自身的因果性相对立的。如今,如果人们把事物在时间中的实存的规定当做物自身的规定(这是最常见的表象方式),那么,因果关系中的必然性就不能以任何方式与自由一致;相反,它们相互矛盾对立。因为从前者得出的是:任何一个事件,因而任何在一个时间点上发生的行动,都必然以在此前时间里发生过的事情为条件。既然过去了的时间不再受我控制,所以,我所采取的任何行动都由于**不受我控制的**规定根据而是必然的,也就是说,我在我行动的那个时间点上绝不是自由的。的确,即便我假定我的全部存在都〔95〕不依赖于任何一个外来的原因(如上帝),以至于我的因果性、甚至我的整个实存的规定根据,都完全不在我外面,这也毕竟丝毫不会把那种自然必然性转变成自由。因为在每个时间点上,我毕竟总是服从必然性的,即被**不受我控制的东西**所规定而去行动,我永远只会按照一个已经预先规定好的秩序来延续、却绝不会自行开始的那个来自以前的无限的事件序列,就会是一个连续不断的自然链条,因而我的因果性绝不会是自由。

因此,如果想赋予一个其存在在时间中被规定的存在者以自由,那么,人们在这方面至少不能把他当做他的实存中的一切事件,因而还有他的行动的自然必然性法则的例外;因为这就会等于把他交给了盲目的偶然。但是,既然这法则不可避免地涉及事物的一切因果性,只要它们的**存在**是**在时间中**可被规定的,所以,假如这法则是人们也能够表象**这些物自身的存在所根据的方式**,自由就必然会作为一个无意义的和不可能的概念被抛弃。因此,如果人们还要拯救自由,那么,除了把一个事物的存在就其在时间中可被规定而言,因而也把按照**自然必然性**法则的因果性**仅仅赋予显象**,而把**自由**赋予作为物自身的**同一个存在者**之外,就无路可走了。这样,如果人们想同时保持两个彼此反感的概念的话,上述做法就当然是不可避免的了；然而，如果人们想把它们解释为结合在同一个行动中，因而想解释这种结合本身的话，那么，在应用中就将出现种种巨大的困难，它们似乎使得这样一种结合变得不可行了。

如果我关于一个犯了偷窃行为的人说，这个行为按照因果性的自然法则从先行时间的规定根据出发是一个必然的后果，那么，这个行为本来可以不发生，就是不可能的了；按照道德法则所作的评判在这里究竟如何能够造成一种改变，并预设这个行为由于道德法则说它本来应当不做而本来可以不做呢？也就是说，这个人在同一时间点上，就同一行动而言，如何能够叫做完全自由的呢？他在该时间点上，就该行动而言，毕竟是服从一种不可避免的自然必然性的。在这里寻找一种托词，说〔96〕人们只是使自己按照自然法则的因果性之规定根据的**方式**适合于自由的一个**比较性的**概念（据此，其进行规定的自然根据处在起作用的存在者**内部**的东西，有时就叫做自由的作用，例如，一个被抛出的物体当它在自由运动时所做的事情，人们在这里使用自由这个词，乃是因为它在飞行期间没有从外部受到某种推动，或者就像我们把一块表的运动也称为一种自由运动一样，因为它自己推动自己的指针，因而这指针可以不由外部来移动，同样，人的行动尽管由于它们在时间上先行的规定根据而是必然的，但却还是被称为自由的，因为这毕竟是一些内部的、通过我们自己的力量产生的表象，从而是按照种种诱发状况而产生的欲望，因而是按照我们自己的心愿造成的行动），这是一种可怜的借口，总还是有一些人让自己受这种借口拖累，认为这样稍加咬文嚼字就解决了那个困难的问题，数千年人们都在劳而无功地寻求那个问题的答案，因而这答案是很难这样完全在表面上找到的。因为在追问必须被当做一切道德法则和符合这些道德法则的归责的基础的那种自由时，事情根本不取决于按照一个自然法则来规定的因果性是由于处在主体**之中**的规定根据还是由于处在主体**之外**的规定根据而是必然的，在前一种场合，是由于本能还是由于用理性思考过的规定根据而是必然的；如果这些进行规定的表象按照这同一些人士自己所承认的，毕竟在时间中，确切地说在**先前的状态**中有自己实存的根据,但这个状态又在一个先行的状态中有自己实存的根据,如此等等,那么,尽管它们即这些规定可以始终是内在的,尽管它们可以有心理学的因果性,而不是有力学的因果性,也就是说,通过表象而不是通过身体的运动来产生行动,这也始终是一个存在者的因果性的**规定根据**,只要这个存在者的存在是在时间中可被规定的,从而处于过去时间的一些使之必然的条件之下,因而这些条件当主体应当行动时就**不再受它控制**,所以那些规定根据虽然具有心理学的自由(如果人们要把这个词用于灵魂诸表象的一种内在联结的话),但毕竟带有

[97] 自然必然性,从而没有留下任何**先验的自由**,先验的自由必须被设想为对于一切经验性的东西,因而对于一般自然的独立性,无论这自然是被视为仅仅在时间中的内部感官对象,还是被视为同时在空间和时间中的外部感官对象,没有这种惟一是先天实践性的(在后面这种本真意义上的)自由,任何道德法则、任何按照道德法则的归责都是不可能的。正是因此缘故,人们也可以把时间中诸事件的一切必然性都按照因果性的自然法则称为自然的**机械作用**,即使人们所指的,并不是那些服从机械作为的事物必须是现实的物质性**机器**。在这里,所关注的只是在一个时间序列中诸事件的联结的必然性,如同它们按照自然法则发展那样,人们这时可以把这一过程发生于其中的主体称为 Automaton materiale [物质的自动机]①,此时这个机器是由物质推动的,或者赞同莱布尼茨,称之为 Automaton spirituale [精神的自动机],此时它是由表象推动的,而且假如我们的意志的自由无非是后一种自由(例如心理学的和比较性的自由,并非同时是先验的亦即绝对的自由),那么,它在根本上一点儿也好不过一把自动烤肉铲的自由,后者一旦上紧了发条,就也会自行完成自己的运动。

> ①《神义论:论上帝的善》,52、403 页《哲学著作集》,格哈德[Gerhardt]编,第 Ⅵ 卷,131、356 页);类似的有与贝尔(Bayle)的争辩(《哲学著作集》,格哈德编,第 Ⅳ 卷,505 页以下、536 页以下、549 页)等等。——科学院版编者注

现在,为了消除前述场合同一个行动中的自然机械作用和自由之间表面上的矛盾,人们必须回忆一番在《纯粹理性批判》中说过或者由此得出的东西:与主体的自由不能共存的自然必然性,仅仅与服从时间条件的那种事物的诸规定相联系,因而仅仅与作为显象的行动主体的诸规定相联系,所以就此而言,主体的每一个行动的规定根据都处在属于过去的时间而且**不再受它控制**的东西里面(必须归于此列的也有他的已经作出的行为,以及在他自己的眼中作为现象对他来说可以由此得到规定的性格)。但是,另一方面也意识到自己是物自身的同一个主体,却也把自己的存在本身**就其不服从时间条件而言**仅仅视为通过它凭借理性本身给自己立的法则可被规定的,而且在它的这种存在中,对它来说没有任何东西先行于它的意志规定,相反,任何行动,而且一般来说它的存在的任何按照内部感官变更着的规定,甚至它作为感性存在者的实存的整个序列,在对它的理知存在的意识中都必须仅仅被看做后果,而绝不看做它作为**本体**的因果性的规定根据。在这方面,有理性的存在者对它所作出的每个违背法则的行动,哪怕它作为显象是在过去的东西中被充分规定了的,并且就此而言是不可避免地必然的,它也有理由说,它本来是可以不如此行动的;因为这个行动连同规定它的一切过去的东西,都属于它使自己获得的那种性格的惟一现象,而按照这种性格,它作为一个独立于一切感性的原因把那些显象的因果性本身归责于自己。

[98]

与此完全相一致的,也有在我们里面我们称为良知的那种奇特能力的判决。一个人尽可以随意地矫揉造作,以便把他还记得起来的一个违法行为文饰为无意的过失,文饰为人们绝不可能完全避免的纯然不小心,因而文饰为他被自然必然性的急流卷入其中的东西,并宣称自己在这件事情上是无辜的,但他毕竟发现,如果他意识到,他在干这件不正当的事的时候毕竟是清醒的,亦即在运用自己的自由的话,那么,这位为他的利益说话的律师绝不可能使他心中的原告沉默不言,而且虽然他用某种由于逐渐地忽略对自己的留意而染上的坏习惯来**解释**自己的违法行为,直到他能够把这行为视为这种习惯的一个自然后果的程度,这却仍然不能使他免于自责和他自己对自己作出的训斥。建立在这上面的也还有对一件早已犯下的罪行在每次回忆起来的时候所怀有的悔恨;一种痛苦的、由道德意向引起的感受,就其不能用来使已经发生的事情不曾发生而言,在实践上是空洞的,甚至会是荒谬的(如同普里斯特利[1]作为一个真正的、一以贯之的**宿命论者**也宣称这种感受是荒谬的一样,而在坦诚方面,他比这样一些人更值得称赞,这些人由于实际上主张意志的机械作用,但在口头上却主张意志自由,就还总是想被认为他们在自己的调和主义体系中把意志自由一起包含进去了,但毕竟没有说明这样一种归责的可能性),但作为痛苦却是完全合法的,因为理性在事情取决于我们的理知实存的法则(道德法则)时不承认任何时间区别,只问这个事件作为行为是否属于我,但此后就总是把这种感受与这行为在道德上联结起来,不管这行为是现在发生的还是早就发生的。因为**感官生命**在对其存在的**理知**意识(自由)方面具有一个现象的绝对统一性,该现象就其仅仅包含着关涉道德法则的意向(性格)的显象而言,必须不是按照应当作为显象归于性格的自然必然性来评判,而是按照自由的绝对自发性来评判。因此,人们可以承认,假如对我们来说有可能对一个人的思维方式就其通过内部的以及外部的行动表现出来而言具有如此深刻的洞识,以至于它的每一个哪怕是最微小的动机都为我们所知,此外还有所有对这动机起作用的外部诱因,那么,人们就能够确切地测算出一个人未来的行为举止,就像测算出一次月食或者日食那样,这时却仍然主张人是自由的。也就是说,假如我们对于同一个主体还能够有另外一种眼光(但这种眼光当然根本没有被赋予我们,我们所拥有的不是它,而只是理性概念),亦即一种理智直观的话,我们毕竟就会察觉,就总是只能关涉道德法则的东西而言,这整个显象链条都取决于作为物自身的

---

[1]《哲学必然性的学说》,伦敦,1777 年,86 页以下。——科学院版编者注

主体的自发性，对这种自发性的规定是根本不能作出物理解释的。在缺乏这种直观的情况下，道德法则向我们保证了我们的作为显象的行动与我们的主体的感官存在者的关系和这个感官存在者本身与我们里面的理知基底相联系所借助的关系之间的这种区别。——在这种对于我们的理性来说自然而然的、虽然无法解释的考虑中，即便是那些极为认真地作出、但初看起来仍然显得与一切公道完全抵触的评判，也可以得到辩护。有一些情况，其中人们自幼甚至受到与他们的其他同龄人一样良好的教育，但仍然如此早地表现出恶意，并且一直强化到他们的成年时代，以至于人们把他们视为天生的恶棍，而且在思维方式上完全视为无可救药的，但仍然为了他们的所作所为同样审判他们，同样指责他们的违法行为是罪过，甚至他们（幼童们）自己也认为这些指责是完全有根据的，就好像他们虽然有他们的心灵的那种被归于他们的毫无希望的自然性状，但却仍然要和每个其他人一样负责任似的。这本来是可以不发生的，如果人们不是预设凡是出自人的任意的事情（毫无疑问，每一个故意作出的行动都是如此）都以一个自由的因果性为根据的话，这种自由的因果性从少年时代就在他们的显象（行动）中表现着他们的性格，这些显象由于行为的形式相同而标明了一种自然联系，但这种自然联系却没有使意志的恶劣性状成为必然的，而毋宁说是自愿接受那些恶的和顽固不化的原理的后果，这些原理只会使意志变得更加卑鄙和更该受到惩罚。[100]

但是，如果要在一个属于感官世界的存在者里面把自由与自然机械作用结合起来，自由就还面临着一个困难；一个即便在迄今的一切都得到赞同之后仍以使其完全覆灭威胁着自由的困难。但尽管有这种危险，有一种情况毕竟同时提供了对于自由的主张来说还有幸运的出路的希望，这就是：同一个困难更强得多地（事实上如我们马上就将看到的，仅仅）压制着把时间和空间中可被规定的实存视为物自身的实存的体系，所以它并不迫使我们放弃我们关于作为感性直观的纯然形式，因而作为属于感官世界的主体所特有的纯然表象方式的时间之观念性的最重要的预设，故而只要求把这个预设与自由的理念统一起来。

也就是说，如果人们向我们承认，理知的主体就一个既定的行动来说，即使他作为也属于感官世界的主体就该行动而言是在力学上有条件的，但也还能够是自由的，那么看起来，一旦人们假定上帝作为普遍的元始存在者也是**实体实存的原因**（这是一个永远也不可以放弃的命题，除非把作为一切存在者的存在者的上帝概念，连同在神学中一切东西都依赖的**上帝之充足性**一起放弃掉），人们就必须也承认，人的行动在**完全不受它们控制的东西**中，亦即在一个与人不同的、人的存在及其因果性的全部规定所完全依赖的最高存在者的因果性中，有它们的规定根据。实际上，假如人的行动如其属于人在时间中的规定那样，不仅仅是人作为显象的规定，而且是他作为物自身的规定，那么，自由就无法拯救了。人就会是木偶或者一个沃康松式的自动机①，由一切工艺制品的那位至高的大师来制作和上紧发条，而自我意识虽然能使它成为一个能思维的自动机，但在其中当它的自发性被视为自由时，其自发性的意识就会是纯然的错觉，因为既然他的运动的最近规定原因以及这些规定原因上溯到自己的规定原因的一个长长的序列虽然都存在于内部，但最终的和最高的那个规定原因却毕竟被发现完全在一个外来的手中，所以那种自发性就只配被称为比较性的。因此，我看不出那些还总是坚持把时间和空间视为属于物自身的存在之规定的人们，在这里想如何避免行动的宿命，或者，如果他们如此直截了当地（如本来很精明的**门德尔松**②所做的那样）只承认时间和空间是必然属于有限的和派生的存在者的实存的条件，却不是必然属于无限的元始存在者的实存的条件，他们想如何为自己辩护，说明他们从何处取得这种权利来作出

[101]

---

① 沃康松的自动机（笛子吹奏者、吞食的鸭子等等），最初于1738年在巴黎展示，被18世纪的唯物主义者们（如拉美特利：《人是机器》，1748年）常常援引来支持机械主义假说。朗格：《唯物主义史》，第2版，第Ⅰ卷，356页。——科学院版编者注

② 《晨课》（1785年），第Ⅺ章。——科学院版编者注

这样一种区分,甚至,他们想如何避开当他们把时间中的存在视为必然与有限的物自身相联系的规定时所遇到的矛盾,因为上帝是这种存在的原因,但他却不能是时间(或空间)本身的原因(因为时间作为先天必然条件必须被置于事物的存在之前),因而上帝就这些事物的实存而言的因果性本身必须是在时间上有条件的,这时,不利于上帝的无限性和独立性这两个概念的一切矛盾就会不可避免地必然出现。与此相反,把独立于一切时间条件的、与一个感官世界的存在者的实存不同的属神实存的规定,当做**一个存在者自身的实存**而与一个**显象中的事物的实存**区别开来,对于我们来说是很容易的。因此,如果人们不假定时间和空间的那种观念性,所剩下的就只有**斯宾诺莎主义**了,在斯宾诺莎主义中,空间和时间是元始存在者本身的本质规定,但依赖于元始存在者的事物(因而也包括我们自己)不是实体,而仅仅是依存于元始存在者的偶性;因为如果这些事物仅仅作为元始存在者的结果而在时间中实存,时间是它们的实存自身的条件,那么,就连这些存在者的行动也就会必然是元始存在者随时随地所做出的行为。因此,虽然斯宾诺莎主义的基本理念是荒谬的,但它的推论却比按照创世论有可能发生的远为令人信服,如果这些被假定为实体并自在地**在时间中实存的存在者**被视为一个至上的原因的结果,却并不同时被视为属于元始存在者及其行动的,而是独立地被视为实体的话。

〔102〕

　　上述困难的解决简明扼要地以如下方式进行:如果**在时间中**的实存是世界上的能思维的存在者的一种纯然的感性表象方式,因而并不涉及作为物自身的这些存在者,那么,对这些存在者的创造就是对物自身的创造,因为一种创造的概念并不属于实存的感性表象方式,不属于因果性,而只能与本体相关。所以,如果我关于感官世界中的存在者说:它们是被创造的,那么,就此而言我就把它们视为本体了。因此,就像说上帝是显象的创造者就会是一个矛盾一样,说上帝作为创造者是感官世界中的行动的原因,因而是作为显象的行动的原因,这也是一个矛盾,尽管上帝是行动着的存在者(作为本体)存在的原因。现在，如果有可能（只要我们假定时间中的存在是某种仅仅适用于显象，而不适用于存在自身的东西）主张自由而不损害作为显象的行动的自然机械作用，那么，行动着的存在者就是受造物，这一点在这里就不会造成丝毫改变，因为创造所涉及的是这些存在者的理知的实存，但不是它们的可感的实存，因而不能被视为显象的规定根据；但如果世间存在者作为物自身在时间中实存，结果就完全不同了，因为实体的创造者就会同时是这个实体身上的全部机械装置的创造者了。

在纯粹思辨理性的批判中所完成的时间（以及空间）与物自身的实存的分离，就具有如此大的重要性。

〔103〕

但是，人们将说，这里所陈述的对困难的解决毕竟自身还有诸多难点，是几乎无法得到明晰的描述的。不过，人们尝试过或者可能尝试的其他任何解决难道就更容易和更易于理解吗？人们毋宁可以说，形而上学的独断教师们在他们对这一难点尽可能视而不见，并希望假如他们闭口不谈也许就不会有人轻易想起这一难点的时候，所表现出的与其说是诚实，倒不如说是滑头。如果要帮助一门科学，那么，就必须把一切困难都**揭示**出来，甚至必须把还在暗中阻碍着它的那些困难**搜寻**出来；因为这些困难的每一种都召唤着一种援助手段，这种手段不可能被找到，却不使科学获得一种或者在范围上或者在确定性上的一种增长，因此这样一来，甚至障碍也成了科学的缜密性的促进手段。与此相反，如果故意地掩盖这些困难，或者仅仅用镇痛剂去消解，那么，它们迟早将爆发为无可挽回的灾难，这些灾难将使科学毁于一种彻底的怀疑主义。

※　　※　　※

既然真正说来正是自由概念，在纯粹思辨理性的一切理念中，惟一在超感性事物的领域里，即便仅仅就实践知识而言，取得了如此巨大的扩展，所以我问自己：**这个概念究竟是从何处独一无二地分获了如此巨大的能产性**，而其他概念虽然为纯粹的可能的知性存在者标明了空缺的位置，但却不能通过任何东西对这些存在者的概念作出规定。我很快就领会到，既然我离开范畴就不能思维任何东西，所以即便是在关于我所探讨的自由的理性理念中，也必须首先寻找范畴，它在这里就是**因果性**范畴，而且，即使自由的**理性概念**作为越界的概念，不可能给它加上任何相应的直观，但尽管如此，对于**自由的理性概念**为了其综合而要求无条件者的那个**知性概念**（因果性概念）来说，却必须事先被给予一个感性直观，用来首先保证它的客观实在性。现在，一切范畴都被划分为两类，即仅仅关涉客体表象中的综合统一的**数学性**范畴，以及关涉客体实存的表象中的综合统一的**力学性**范畴。第一类范畴（量和质的范畴）在任何时候都包含着**同类的东西**的一种综合，在这种综合中根本不可能为在感性直观中被给予的有条件者在空间和时间中找到无条件者，因为这个无条件者本身会必定又属于空间和时间，因而又总是有条件的；因此，即便在纯粹理论理性的辩证论中，为其找到无条件者和各种条件的总体的两种相互对立的方式也都是错误的。第二类范畴（一个事物的因果性和必然性的范畴）则根本不要求（有条件者和条件在综合中的）这种同类性，因为这里直观被表现，不是如同它由其中的杂多复合而成那样，而是仅仅如同与它相应的有条件的对象的实存附加在条件的实存上面（在知性中作为与之联结的）那样，这时就允许为感官世界中的普遍有条件者（无论是就因果性而言还是就事物的偶然存在而言）设定理知世界中的、尽管在其他方面并不确定的无条件者，并使综合成为超验的；因此，即便在纯粹思辨理性的辩证论中也发生如下情况，即为有条件者找到无条件者的两个表面上相互对立的方式，例如在因果性的综合中为感官世界的原因和结果序列中的有条件者设想不再有感性条件的因果性，实际上并不相互矛盾，而同一个行动，作为属于感官世界的，在任何时候都是有感性条件的，亦即机械必然的，却同时也作为属于行动着的存在者的因果性的，就该存在者属于理知世界而言，能够以一个无感性条件的因果性为根据，从而被设想为自由的。现在，事情仅仅取决于这个**能够**会转变为**是**，也就是说，人们能够在一个现实的场合仿佛是通过一个事实来证明，某些行动无论是现实的还是仅仅被命令的，亦即客观实践上必然的，都以这样一种因果性（理智的、无感性条件的因果

〔104〕

性）为前提条件。在现实地在经验中被给予的、作为感官世界的事件的行动上，我们不能指望发现这种联结，因为凭借自由的因果性总是必须到感官世界之外在理知的东西中去寻找。但是，除了感官存在者之外，其他事物并不被给予我们供感知和观察。因此，剩下来的就无非是，也许将找到一条不矛盾的、确切地说是客观的因果性原理，它从因果性的规定中排除一切感性的条件，也就是说，在这样一条原理中，理性不再援引某**别的东西**来做因果性方面的规定根据，而是通过那个原理已经本身包含着这个规定根据，因而它作为**纯粹理性**自身就是实践的。但是，这个原理不需要寻找和发明；它早就存在于所有人的理性中，被归并入他们的本质，而且就是**道德**的原理。因此，那个无条件的因果性及其能力，即自由，但连同自由还有一个属于感官世界的存在者（我本人），毕竟同时不仅仅是被不确定地和或然地**设想**为属于理知世界的（思辨理性就已经能够查明这是可行的），而且是甚至就自由的因果性的**法则而言**被**确定地**和实然地**认识**到，理知世界的现实性就这样，确切地说在实践的考虑中**确定地**被给予我们，而这种规定在理论的意图中会是**超验的**（越界的），在实践的意图中却是**内在的**。但是，我们在第二个力学性的理念方面，亦即在一个**必然的存在者**的理念方面，却不能迈出同样的一步。不以第一个力学性的理念为中介，我们就不可能从感官世界出发上升到这个必然的存在者。因为假如我们想试一试，我们就必须大胆地跳跃，离开被给予我们的一切，飞跃到甚至丝毫没有被给予我们的东西那里，由此我们才能促成这样一个理知的存在者与感官世界的联结（因为必然的存在者应当被认识为**在我们之外**被给予的）；与此相反，在**我们自己的**主体方面，就它一方面通过道德法则（借助自由）把自己规定成为理知的存在者，**另一方面**认识到自己是按照这种规定在感官世界中如同现在亲眼所见的那样活动的而言，上述情况倒是完全可能的。惟有自由的概念允许我们可以不超出我们之外去为有条件的东西和感性的东西找到无条件的东西和理知的东西。因为正是我们的理性本身，通过最高的和无条件的实践法则和意识到这法则的存在者（我们自己的人格），认识到自己是属于纯粹的知性世界的，确切地说，认识到自己甚至负有这个存在者本身能够如何活动的那种方式的使命。这样就可以领会，为什么在全部理性能力中**惟有实践的**理性能力才可能是帮助我们超出感官世界，并使我们获得关于一种超感性的秩序和联结的知识的理性能力，但也正因为此，这些知识当然就只能够在对于纯粹的实践意图有必要的范围内得到扩展。

请允许我借此机会再提请注意一点，即人们凭借纯粹理性所迈出的每一步，哪怕是在人们根本不考虑微妙的思辨的实践领域里，都仍然如此精确地、确切地说自行地与理论理性批判的一切要素相衔接，就好像每一步都以深思熟虑的审慎想好，仅仅是为了使这一批判获得证实似的。实践理性的最重要的命题与思辨理性批判的经常显得过于微妙和不必要的说明的这样一种不以任何方式被寻求，而是（就像人们只要愿意把道德研究一直推进到它的原则就能够相信的那样）自行出现的精确印证，令人惊喜和惊奇，且加强了那条已经被其他人认识到并赞扬过的准则，即在每一种科学研究中都以一切可能的精确性和开放性不受干扰地继续自己的进程，不把这研究在自己的领域之外也许会违背的东西放在心上，而是尽可能将它独立地加以真实完备的完成。频频的观察使我确信，如果人们完成了这件工作，那在这件工作的半途中，在我之外的其他学说看来有时显得很可疑的东西，只要我直到这件工作完成之前对这种疑虑视而不见，并仅仅关注我的工作，最终就以出人意料的方式与丝毫不顾及那些学说、不偏袒和偏爱它们而自行产生出来的东西完全吻合。作者们只要能够以更多一些的开放性从事工作，就会省去许多错误，省去许多徒劳的辛苦（因为这辛苦是花费在幻觉之上的）。

〔107〕

# 第二卷
# 纯粹实践理性的辩证论

## 第一章
## 纯粹实践理性的一般辩证论

　　纯粹理性在任何时候都有它的辩证论，不管人们是在它的思辨应用中还是在它的实践应用中考察它；因为它为一个被给予的有条件者要求诸条件的绝对总体，而这个总体惟有在物自身中才能找到。但是，既然事物的一切概念都必须与直观相关，而直观在我们人这里永远只能是感性的，从而对象不能被认识做物自身，而只能被认识做显象，在显象的有条件者和条件的序列中永远不可能找到无条件者，所以，从诸条件的总体（因而无条件者）这个理性理念在显象上的应用中就产生出一个不可避免的幻相，就好像这些显象就是事物自身似的（因为在缺乏一种告诫性的批判时它们在任何时候都被认为是这样的），但是，如果这个幻相不是在把理性为一切有条件者预设无条件者的原理应用到显象上时通过理性与自己本身的**冲突**而自己暴露出来，它就永远不会被发觉是骗人的。但是，理性由此就被迫去探究这个幻相，看它是从何处产生的，以及如何才能消除它，而这惟有通过对全部纯粹理性能力进行一种完备的批判才能做到；以至于纯粹理性在其辩证论中显露出来的二论背反，事实上是人类理性历来可能曾陷入的最有利的迷误，因为它最终推动我们去寻找走出这个迷宫的钥匙，这个钥匙如果被找到，它还将揭示人们不曾寻找却毕竟需要的东西，亦即对事物的一种更高的、不变的秩序的展望，我们现在已经处身于这种秩序中，而且我们从现在起就可以由确定的规范来指导，按照最高的理性规定在这个秩序中去继续我们的存在。

〔108〕

在纯粹理性的思辨应用中如何能够解决那种自然的辩证关系，以及如何防止出自一个除此之外也是自然的幻相的错误，人们可以在那种能力的批判中详细得知。但是，理性在其实践应用中的情况一点也不更好。它作为纯粹的实践理性，同样为实践上的有条件者（基于偏好和自然需要的东西）寻找无条件者，而且不是作为意志的规定根据，而是即便这个规定根据（在道德法则中）已经被给予，也以**至善**的名义寻找纯粹实践理性**对象**的无条件总体。

在实践上、亦即为了我们的合理性的行为的准则而充分规定这个理念，这也就是**智慧学**，而智慧学作为科学又是古人理解这个词的意义上的**哲学**，在古人那里，哲学曾是对至善必须在其中设立的那个概念和至善必须借以获得的那个行为的指示。如果我们让这个词保留它的古代意义，即作为**一种至善的学说**，那就好了，只要理性致力于在其中使至善成为**科学**。因为一方面，这个附带的限制条件将会符合这个希腊术语（它意味着爱智慧），同时又毕竟足以把爱**科学**，因而爱理性的一切思辨知识，就其既为了那个概念而有助于理性，也有助于实践的规定根据而言，一并包括在哲学的名义之下，却又不会让惟有它能被称为智慧学所因之的那个主要目的从视野中消失。另一方面，对于胆敢以一个哲学家的头衔来自居的人，一旦人们通过定义而把将大大降低他的资格的自我评估尺度摆在他面前，就会吓退他的自大，这也不是坏事；因为做一位**智慧教师**，比起一个还一直没有达到足以用对一个如此高尚的目的的可靠期待来指导自己，更不用说指导别人的学生来说，也许要意味着更多的东西；它会意味着一个**了解智慧的大师**，它要说的将超过一个谦虚的人所自命的，而哲学将会和智慧本身一样，还一直保持为一个理想，这理想客观上惟有在理性中才被表现出来，但主观上对人格来说却只是他不断努力的目标，而且惟有能够把这种努力的不容置疑的结果（在对他自己的克制和他对普遍的善首先抱有的无可怀疑的兴趣中）在自己的人格上作为榜样树立起来的人，才有资格声称以一个哲学家的自命名义达到了这个目标，这也是古人为了能够配得上那个荣誉称号所要求的。

〔109〕

就纯粹实践理性的辩证关系而言，在对**至善**的概念进行规定这一点上（如果纯粹实践理性的辩证关系得以解决，这种辩证关系就与理论理性的辩证关系一样，让人期待最有利的结果，因为坦诚地处理而不是隐瞒纯粹实践理性与它自己的矛盾，将迫使对它自己的能力进行完备的批判），我们只想再预先作一个提醒。

道德法则是纯粹意志的惟一规定根据。但由于这个法则是纯然形式的（也就是说，仅仅要求准则的形式是普遍立法的），所以它作为规定根据就抽掉了一切质料，因而抽掉了意欲的一切客体。所以，尽管至善是一个纯粹实践理性，亦即一个纯粹意志的全部**客体**，但它却并不因此就能被视为纯粹意志的**规定根据**，而惟有道德法则才必须被视为使至善和至善的造就或者促成成为自己的客体的根据。这个提醒在一个像对道德原则进行规定这样的棘手场合具有重要的意义，在此即使最小的误解都会歪曲意向。因为人们从分析论中就已经看出，如果人们在道德法则之前把某一个客体以一种善的名义假定为意志的规定根据，然后从它派生出至上的实践原则，在这种情况下，这种原则任何时候都会带来他律，并排斥道德原则。

[110] 但不言而喻的是，如果在至上的概念中道德法则作为至上的条件已经一起包含在内了，那么，至善就不仅仅是**客体**，而且是就连它的概念以及它通过我们的实践理性而可能的实存的表象，也同时会是纯粹意志的**规定根据**了；因为在这种情况下，实际上是在这个概念中已经包含着并同时被想到的道德法则，而不是任何别的对象在按照自律的原则规定着意志。关于意志规定的各概念的这种秩序不可受到忽视，因为若不然，人们就将误解自己，以为自己在自相矛盾，其实一切都处在彼此之间最完满的和谐之中。


# 第二章
## 纯粹理性在规定至善概念时的辩证论

**至高的东西**这个概念已经包含着一种歧义，如果人们忽视这种歧义，它就可能引起不必要的争执。至高的东西可以意味着至上的东西（supremum [最上面的东西]），也可以意味着完满的东西（consummatum [完成了的东西]）。前者是这样一种条件，它本身是无条件的，亦即不从属于任何别的条件（originarium [原初的东西]）；后者是这样一个整体，它不是某个同类的更大整体的一个部分（perfectissimum [最完备的东西]）。德性（作为配享幸福的条件）是一切在我们看来只要可能值得期望的东西，因而也是我们谋求幸福的一切努力的**至上条件**，所以是**至上的善**，这在分析论中已经证明。但是，它因此就还不是作为有理性的有限存在者的欲求能力之对象的完整的和完满的善；因为要作为这样的善，就还要求有幸福，而且不仅仅是在使自己成为目的的那种人格的偏颇目光中，而是甚至在把世界上的一般人格视为目的自身的一种无偏见的理性的判断中亦是如此。因为需要幸福，也配享幸福，尽管如此却没有分享幸福，这是与一个同时拥有一切权力的理性存在者的完善意愿根本不能共存的，哪怕我们只是尝试设想这样一个存在者。现在，如果德性和幸福在一个人格中共同构成对至善的拥有，但此处完全精确地与道德（作为人格的价值及其对幸福的配享）成正比来分配的幸福也构成一个可能世界的**至善**，那么，这种至善就意味着整体，意味着完满的善，但德性在其中始终作为条件是至上的善，因为它不再有在自己之上的任何条件，幸福则始终是某种虽然使拥有它的人惬意、但却并非独自就绝对善并在一切考虑中都善的东西，而是在任何时候都以道德上的合乎法则的行为为前提条件。

〔111〕

**必然地**结合在一个概念之中的两个规定必须作为根据和后果联结起来，确切地说，这个**统一体**要么被视为**分析的**（逻辑的联结），要么被视为**综合的**，前者依据的是同一律，后者依据的是因果律。因此，德性与幸福的联结要么可以这样来理解，即努力成为有德性的和有理性地谋求幸福，这并不是两个不同的行动，而是两个完全同一的行动，因为前者除去为了后者之外，不需要有别的任何准则被当做根据；要么那种联结被置于如此境地，即德性把幸福当做某种与德性意识不同的东西产生出来,就像原因产生出一个结果那样。

在古希腊各学派中,真正说来只有两个学派,虽然它们在规定至善概念时就它们不承认德性和幸福是至善的两个不同的要素,因而按照统一性的规则来寻求原则的统一性而言遵循着同样的方法;但就它们在二者中间以不同的方式选择基本概念而言,它们又分道扬镳了。**伊壁鸠鲁学派**说:意识到自己导向幸福的准则,这就是德性;**斯多亚学派**说:意识到自己的德性,这就是幸福。对于前者来说,**聪明**就等于道德;对于为德性选择了一个更高尚的称谓的后者来说,惟有**道德**才是真正的智慧。

人们不得不遗憾的是,这些人士的洞察力(人们毕竟不得不因此而对这种洞察力表示惊赞,即他们在如此早的时代就已经尝试哲学征服的一切可以想出来的道路)不幸被用来在两个极不同类的概念,即幸福概念和德性概念之间苦思冥想同一性。不过,这与他们的时代的辩证精神是相适合的,这甚至现在也还有时诱惑一些敏锐的头脑,通过力图把原则中的根本的和绝对无法统一的区别转化为词句之争,并如此在表面上装出仅仅称谓不同而概念统一的样子,来取消这些区别,而且这通常涉及这样一些场合,其中不同类的根据的结合如此高深,或者要求对通常在哲学体系中被接受的那些学说有一种如此彻底的转变,以至于人们不敢深入讨论实在的区别,而宁可把这区别当做纯然程序的不一致来对待。

[112]

当这两个学派力图苦思冥想德性和幸福这两个实践原则的等同性时,在它们想如何硬得出这种同一性这一点上,它们彼此并不一致,而是以无限的距离分道扬镳了,因为一派把自己的原则设定在感性方面,另一派则把它设定在逻辑方面;一派把它设定在感性需要的意识中,另一派则把它设定在实践理性对一切感性的规定根据的独立性中。在**伊壁鸠鲁学派**看来,德性的概念已经蕴涵在促进其自己的幸福这个准则之中;与此相反,在**斯多亚学派**看来,幸福的情感已经包含在自己的德性的意识之中。但是,包含在另一个概念之中的东西,虽然与包含者的一个部分相等,但却并不与整体相等。此外,两个整体虽然由同一种材料组成,但仍然可能在种类上彼此有别,也就是说，如果二者中的各个部分被以完全不同的方式结合在一个整体之中的话。斯多亚学派主张德性就是**整个至善**，幸福只不过是对拥有德性的意识，属于主体的状态。伊壁鸠鲁学派主张幸福就是**整个至善**，德性只不过是谋求幸福这个准则的形式，也就是说，在于有理性地使用达到幸福的手段。

但现在，从分析论中可以清楚，德性的准则和自己幸福的准则就其至上的实践原则而言是完全不同类的，而且它们尽管都属于一种至善，为的是使至善成为可能，但却远远不是一致的，它们在同一个主体中极力相互限制、相互损害。因此，**至善在实践上何以可能**，这个问题尽管有迄今作出的一切**联合尝试**，也还始终是一个未曾得到解决的课题。但是，使它成为一个难以解决的课题的东西，在分析论中已经给出了，亦即幸福和道德是至善的两个在种类上完全**不同的要素**，因而它们的结合不能被**分析地**认识到（例如，如此寻求自己的幸福的人在他的这个行为中通过对其概念的纯然分解就会发现自己是有德性的，或者如此遵循德性的人在对这样一种行为的意识中就会发现自己已经实际上有福了），而是这两个概念的一种综合。但是，由于这种结合被认为是先天的，因而在实践上是必然的，从而不是从经验中派生出来的，而至善的可能性不基于任何经验性的原则，所以，这个概念的**演绎**就必须是**先验的**。**通过意志的自由产生出至善**，这是先天地（在道德上）必然的；因此，至善的可能性的条件也必须仅仅基于先天的知识根据。

〔113〕

## 一、实践理性的二论背反

在对我们来说实践的，亦即要通过我们的意志来使之实现的至善中，德性和幸福被设想为必然地结合在一起的，以至于一方若没有另一方也属于它，就不能被纯粹实践理性所接受。现在，这种结合（与任何一种结合一样）要么是**分析的**，要么是**综合的**。但既然这种被给予的结合如前面刚刚指出的那样，不可能是分析的，所以，它们必须被综合地、确切地说被当做原因与结果的联结来设想：因为它涉及一种实践的善，亦即通过行动而可能的东西。因此，要么对幸福的欲求是德性的准则的动因，要么德性的准则必须是幸福的作用因。前者是**绝对**不可能的：因为（如分析论中已经证明的）把意志的规定根据设定在对自己的幸福的要求之中的准则根本不是道德的，不能建立任何德性。但后者**也不可能**，因为世界上的任何原因和结果的实践联结，作为意志规定的后果，都不是取决于意志的道德意向，而是取决于对自然法则的知识和为了自己的意图而利用这种知识的物理能力，因而不能在世界上通过一丝不苟地遵守道德法则来期望幸福与德性的任何一种必然的和足以达到至善的联结。现在，既然对在自己的概念中包含着这种联结的至善的促进是我们的意志的一个先天必然的客体，而且与道德法则有不可分割的联系，所以，前者的不可能性必定也证明后者的谬误。因此，如果至善按照实践规则是不可能的，那么，要求促进至善的道德法则也必定是幻想的，是置于空的想象出来的目的之上的，因而自身就是错误的。

[114]

## 二、对实践理性的二论背反的批判性消除

在纯粹思辨理性的二论背反中，在世界上的各事件的因果性中自然必然性和自由之间发生了一种类似的冲突。由于已经证明，如果人们把各事件，甚至把各事件在其中发生的世界（如同人们也应当的那样）仅仅视为显象，那就不会有任何真正的冲突，所以，上述冲突已被消除；因为同一个行动着的存在者作为**显象**（甚至在他自己的内部感官面前），具有感官世界中的一种任何时候都符合自然机械作用的因果性，但就同一个事件而言，如果行动着的人格同时把自己视为**本体**（作为纯粹理智，在他不能按照时间来规定的存在中），那么，他就会能够包含着那种按照自然法则的因果性的一个甚至摆脱了一切自然法则的规定根据。

眼前的纯粹实践理性的二论背反正是这种情况。这两个命题中的第一个命题，即对幸福的追求产生出有德性的意向的一

个根据，是**绝对错误的**；但第二个命题，即德性意向必然地产生幸福，则**并不是绝对**错误的，而是仅仅就德性意向被视为感官世界中的因果性的形式而言，因而当我把感官世界中的存在当做理性存在者的惟一实存方式时，才是错误的，因而只是**有条件**地错误的。但是，既然我不仅有权把我的存在也设想为一个知性世界中的本体，而且甚至在道德法则上拥有我的（感官世界中的）因果性的一个纯粹理智的规定根据，所以，意向的道德性作为原因，而与作为感官世界中的结果的幸福拥有一种即便不是直接的，但也毕竟是间接的（以自然的一个理知的创造者为中介），而且是必然的联系，这并非不可能，这种结合在一个仅仅是感官客体的自然中永远只是偶然地发生的，而且不能达到至善。

〔115〕

因此，尽管一种实践理性与自己本身有这种表面上的冲突，至善仍是一个在道德上被规定的意志的必然的最高目的，是实践理性的一个真正客体；因为它是实践上可能的，而且意志的那些按照其质料与此相关的准则都具有客观实在性，这种客观实在性最初由于道德和幸福按照一条普遍的法则相结合时的二论背反而受到打击，但却是出自纯然的误解，因为人们把显象之间的关系当成了物自身与这些显象的关系。

如果我们发现自己被迫在这样的远距离上，亦即在与一个理知世界的联结中去寻找至善这个由理性告知一切理性存在者的其一切道德愿望的目标的可能性，那么，必定令人感到奇怪的是，无论是古代的哲学家还是近代的哲学家，都仍然能够已经**在此生中**（在感官世界中）发现了与德性有完全适当的比例的幸福，或者能够劝说人们，说意识到了这种幸福。因为无论是**伊壁鸠鲁**还是**斯多亚学派**，都把从生活里面的德性意识中产生的幸福提升到一切东西之上。前者在他的实践规范中并不那么思想卑鄙，就像人们可能从他的理论的那些他为了说明，而不是为了行动而使用的原则所推论出来的那样，或者像许多人被用淫乐这个表述替换满意所诱导，对这一理论所作的解释那样，相反，他把最不自私的善行也算做内心欢乐的享受方式，而且就像哪怕是最严格的道德哲学家所可能要求的那种知足和对偏好的节制，也都属于他对一种愉悦（他把这理解为持久喜悦的心情）的规划；在这方面，他与斯多亚学派的主要分歧仅仅在于，他把动因设定在这种愉悦里面，而斯多亚学派拒绝，确切地说有理由拒绝这样做。因为一方面，有德性的伊壁鸠鲁，正像现在还有许多在道德上具有良好意向的、尽管对自己的原则没有足够地深入反思的人士那样，陷入了在他最初想要为之说明德性动机的那些人格身上已经预设有德性的**意向**的错误（而事实上，正直的人如果不是事先意识到自己的正直的话，是不可能感到幸福的；因为鉴于有德性的意向，他在逾越时会由于他自己的思维方式而被迫对自己作出的责备以及道德上的自我谴责，会剥夺他对他的状态通常可能包含的惬意的一切享受）。但问题是：评价自己的存在的价值这样一种意向和思维方式最初是通过什么才成为可能的，因为在它之前主体中还根本找不到对一般道德价值的任何情感？当然，如果人是有德性的，那么，他不在每个行动中意识到自己的正直就感受不到生活的乐趣，哪怕在物理状态中的幸运对他是如此有利；但是，为了首先使他成为有德性的，因而还在他如此高度评估他的实存的道德价值之前，人们能够夸赞他具有从对一种正直的意识中产生的、而他毕竟对之没有任何意识的心灵平静吗？

　　但另一方面，这里总是有一种欺诈的错误（vitium subreptionis）的根据，仿佛是对与人们所**感**之事不同的人们所**做**之事的自我意识中的一种视幻觉的根据，这种视幻觉即便最经受过考验的人也不能完全避免。道德意向是与**直接通过法则**对意志进行规定的意识必然地结合在一起的。现在，对欲求能力进行规定的意识一直是对由此产生的行动感到心满意足的根据；但是这种愉快、这种对自身的心满意足，并不是行动的规定根据，相反，直接地、仅仅通过理性对意志进行的规定，才是愉快情感的根据，而那种规定依然是对欲求能力的一种纯粹的、实践的规定，而不是感性的规定。既然这种规定在内心中起着活动的一种推动的作用，如同从所欲求的行动中被期待的惬意情感会起的作用一样，所以，我们很容易把我们自己所做的事看做我们仅仅被动地感到的事，并且把道德的动机当做感性的推动，如同这通常总是在感官（这里是内部感官）的所谓错觉中发生的那样。人类本性中的某种很崇高的东西，是直接被一个纯粹的理性法则规定而去行动，甚至是这种错觉，即把意志在理智上的可规定性之主观的东西视为某种感性的东西和一种特殊的感性情感（因为一种理智的情感会是一个矛盾）的作用。让人注意到我们的人格性的这种属性，并尽可能地培养理性对这种情感的作用，这也具有很大的重要性。但是，人们也必须小心提防，通过由于人们把特殊的快乐的情感作为根据（它们毕竟只是后果）加给这种作为动机的道德规定根据而对这种规定根据作出的不真实的高度评价，仿佛是由于一种错误的陪衬而贬低和丑化真正的、真实的动机，即法则本身。因此，敬重，而不是愉悦或者对幸福的享受，才是没有一种给理性提供根据的、先行的情感（因为这种情感在任何时候都会是感性的和病理学的）为之可能的某种东西，作为对通过法则直接强迫意志的意识，几乎说不上是愉快情感的类似物，因为它在与欲求能力的关系中所造成的恰恰是同样的东西，但却是出自另外的源泉；不过，人们惟有通过这种表象方式才能达到人们所寻找的东西，即行动不仅是合乎义务地（依照惬意的情感），而且是出自义务而发生的，这必须是一切道德教育的真正目的。

〔117〕

但是，人们就没有一个不像幸福一词那样表示着一种享受、但却指示着对自己的实存的心满意足、指示着必须必然地伴随德性意识的幸福的一种类似物的词吗？有！这个词就是**自我满意**，它在其本真的意义上任何时候都仅仅暗示着对自己的实存的一种消极的心满意足，在这种心满意足中人们意识到自己不需要任何东西。自由和对自由是一种以占优势的意向来遵守道德法则的能力的意识，就是**对于偏好的独立性**，至少是对于作为我们的欲求的规定性（即使不是作为其**刺激性**）动因的那些偏好的独立性，而且就我在遵循我的道德准则时意识到这种独立性而言，它就是一种必然与之结合在一起的、不基于任何特殊的情感的、不可改变的满意的惟一来源，而这种满意就可以叫做理智的满意。基于对偏好的满足的感性的（非本真地如此称谓）满意，无论它是如何巧妙地挖空心思想出的，都永远不能适合人们对此所设想的东西。因为偏好是变易的，随着人们让它们受到的优待而增长，并且总是留下一个比人们想到去填满的还要更大的壑洞。因此，它们对于一个有理性的存在者来说在任何时候都是**累赘**，而且即使他不能甩掉它们，它们也迫使他期望摆脱它们。甚至对合乎义务之事（例如对善行）的偏好，虽然很能够使**道德**准则更容易发挥作用，但却不能产生任何道德准则。因为在道德准则中，如果行动应当不仅仅包含**合法性**，而且也包含**道德性**的话，一切都必须是为了表现作为规定根据的法则。偏好是盲目的和奴性的，无论它是不是良性的，而理性在事情取决于道德时不仅必须扮演偏好的监护人，而且必须不考虑偏好而作为纯粹实践理性完全只关照它自己的兴趣。甚至这种同情和好心肠的关心的情感，如果先行于什么是义务的思考并成为规定根据的话，对于好心的人格本身来说也是累赘，它将使他们深思熟虑的准则陷入混乱，并造成摆脱它们并仅仅服从立法的理性的愿望。

由此出发就可以理解：一个纯粹实践理性的这种能力的意识如何能够通过行为（德性）而产生出自己的偏好之上的高等力量的意识，由此就产生出对这些偏好，故而也对总是伴随着这些偏好的不满意的独立性的意识，因而就产生出对自己的状态的一种消极的心满意足，亦即**满意**，这种满意在其来源上就是对自己的人格的满意。自由本身以这样的方式（亦即间接地）将能够有一种享受，这种享受不能叫做幸福，因为它不依赖于一种情感的积极参与，严格说来也不能叫做**永福**，因为它并不包含对偏好和需要的完全独立性，但它毕竟和永福相似，也就是说，只要至少它的意志规定能够保持不受这些偏好和需要的影响，因而至少按照其起源来说与人们只能赋予最高存在者的那种自足类似。

从实践的纯粹理性的二论背反的这种解决得出：在实践的

原理中，道德意识和对作为道德的后果而与道德成比例的幸福的期待之间，一种自然的和必然的结合至少是可以设想为可能的（但当然还并不因此就是可以认识到和看出的）；与此相反，谋求幸福的原理却不可能产生出道德；因此，**至上的善**（作为至善的第一个条件）构成道德，与此相反，幸福虽然构成至善的第二个要素，但却是这样构成的，即幸福只不过是前者的有道德条件的、但毕竟是必然的后果。惟有在这种隶属关系中，**至善才**是纯粹实践理性的全部客体，纯粹实践理性必须把至善必然地表现为可能的，因为它的一条命令就是为产生至善而作出一切可能的贡献。但是，由于有条件者与其条件的这样一种结合的可能性完全属于事物的超感性的关系，而且按照感官世界的法则是根本不能被给予的，即便这个理念的实践后果亦即以使至善成为现实为目标的行动是属于感官世界的，所以，我们将试图首先就直接受我们控制的东西而言，其次在理性作为我们在至善的可能性上的无能的补偿而（按照实践原则必然地）呈现给我们的、不受我们控制的东西中，展示那种可能性的各个根据。

### 三、纯粹实践理性在其与思辨理性相结合时的优先地位

我把两个或者多个通过理性结合起来的事物之间的优先地位理解为某一个事物是与其余所有事物的结合的首要规定根据这种优势。在狭义的实践意义上，它意味着某一个事物的兴趣的优势，只要其他事物的兴趣都服从于它的兴趣（它的兴趣不能被置于其他兴趣之后）。对于心灵的任何一种能力，人们都可以赋予**一种兴趣**，亦即一个原则，它包含着惟有在其下这能力的实施才能得到促进的条件。理性作为诸原则的能力，规定着一切心灵力量的兴趣，但它自己的兴趣却是自己规定自己的。它的思辨应用的兴趣在于**认识客体**，直到那些最高的先天原则，而实践应用的兴趣则在于就最终的和完备的目的而言**规定意志**。一般理性应用的可能性所要求的东西，亦即理性的各

〔120〕

个原则和主张必须不相互矛盾，并不构成理性的兴趣的任何部分，而是一般而言拥有理性的条件；惟有扩展，而不是仅仅与自己相一致，才被算做理性的兴趣。

如果实践理性除了**思辨**理性独自就能够从自己的洞识出发呈献给它的东西之外，不再可以假定任何东西并把它当做被给予的来思维，那么，思辨理性就占有优先地位。但假设实践理性独自就拥有源始的先天原则，与这些原则结合在一起的是某些理论的断定，而这些断定尽管如此却避开了思辨理性的一切可能的洞识（尽管它们也必须不与思辨理性相矛盾），那么问题就是，哪一种兴趣是至上的兴趣（而不是哪一种兴趣必须退出，因为一种兴趣并不必然与另一种兴趣相矛盾）：对于实践理性交给它去接受的一切东西一无所知的思辨理性，是否必须接受这些命题，并且即使这些命题对于思辨理性来说是越界的，思辨理性也必须把它们当做一笔外来的、被过账给它的财产而与自己的概念一致起来，或者思辨理性是否有权顽固地恪守它自己的被隔离开的兴趣，并按照**伊壁鸠鲁**的准则学把一切不能通过显而易见的、可以在经验中提出的实例来认证自己的客观实在性的东西都当做空洞的玄想而加以拒绝，即使这东西还如此与实践的（纯粹的）应用的兴趣交织在一起，自身也不与理论理性相矛盾，只是由于它就取消思辨理性为自己设定的界限，并使思辨理性经受想象力的一切胡闹或者妄念而言，确实损害着思辨理性的兴趣罢了。

实际上，如果实践理性作为有病理学条件的，亦即作为在幸福的感性原则下仅仅管理诸偏好的兴趣的，而被奠定为基础，那么，就根本不能对思辨理性作出这种苛求。**穆罕默德**的天堂，或者**通神论者**和**神秘主义者**们与神性的融为一体，如同每个人兴之所至那样，都会把他们的巨大的怪物强加给理性，而完全没有理性，以及以这样的方式使理性经受一切梦幻，就会是同样的事情。然而，如果纯粹理性独自就能够是实践的，而且也确实如此，就像道德法则的意识所证明的那样，那么，就毕竟总是只有同一种理性，无论是在理论的意图中还是在实践的意图中，它都在按照先天原则作出判断，而且

[121]

在这里很清楚，即使理性的能力在前一个意图中做不到肯定地确立某些命题，然而这些命题却也不与理性相矛盾，正是这些命题，只要它们**不可分割地**属于纯粹理性的**实践兴趣**，虽然是作为一种对纯粹理性来说外来的建议，这建议并不是在纯粹理性的地基上生长起来的，但毕竟得到了充分的认可，理性就必须接受它们，并力图把它们与理性作为思辨理性所能控制的一切进行比较和联结；但要满足于：这并不是理性的洞识，然而却是理性的应用在某个别的、亦即实践的意图中的扩展，这与理性那本身在于限制思辨的违禁的兴趣是根本不相悖的。

因此，在纯粹思辨理性与纯粹实践理性结合成为一种知识时，后者占有**优先地位**，因为已经预设的是，这种结合绝不是**偶然的**和随意的，而是先天地基于理性本身的，因而是**必然的**。因为没有这种隶属关系，就会产生理性与自己本身的一种冲突；因为如果两者仅仅相互并列（并立），那么，前者就会独自紧紧地闭锁自己的边界，而不从后者接受任何东西到自己的疆域中来，但后者仍然会把自己的边界扩展到一切之外，并且在它的需要有要求时，力图把前者一起包括到自己的边界之内。但是，人们根本不能苛求纯粹实践理性隶属于思辨理性，从而把这种秩序颠倒过来，因为一切兴趣最终都是实践的，而且思辨理性的兴趣也只是有条件的，惟有在实践应用中才是完整的。

### 四、作为纯粹实践理性之公设的灵魂不死

[122]

在尘世中造就至善，这是一个可以由道德法则规定的意志的必然客体。但在这个意志中，意向与道德法则的**完全适合**是至善的至上条件。因此，这种适合必须与其客体一样是可能的，因为它是包含在促进这个客体的诫命之中的。但是，意志与道德法则的完全适合就是**神圣性**，是没有一个感官世界的理性存在者在其存在的某一时刻能够达到的一种完善性。然而，既然这种完善性尽管如此仍然作为实践上必要

的而被要求,所以它就惟有在向着完全适合的一种**无限**进展的进步中才能被发现,而且按照纯粹实践理性的各原则,把这样一种实践的进步假定为我们意志的实在客体,也是必要的。

但是,这种无限的进步惟有预设同一个理性存在者的一种**无限**绵延的**实存**和人格性(人们把这称为灵魂的不死)才是可能的。因此,至善在实践上惟有预设灵魂的不死才是可能的,因而灵魂不死与道德法则不可分离地结合在一起,是纯粹实践理性的一个公设(我把公设理解为一个**理论的**、但本身不可证明的命题,只要这个命题不可分离地依附于一个先天无条件地有效的**实践**法则)。

〔123〕关于我们本性的道德规定的这一命题,即惟有在一种无限进展的进步中才能达到与道德法则的完全适合,具有极大的效用,这不仅是考虑到目前对思辨理性的无能的补偿,而且也是就宗教而言的。如果缺少这一命题,则道德法则要么就完全被贬值而失去其**神圣性**,因为人们把它矫饰为**宽纵的**(宽容的),从而适合我们的惬意的,要么就把自己的天职,同时也把自己的期待张大,使之成为一种无法达到的规定,即成为所期冀的意志的神圣性的完全获得,并且迷失在狂热的、与自知之明完全相矛盾的**通神论的**梦幻中,而这两者都只会妨碍对准确而且完全地遵循一种严格的、不宽纵的、尽管如此也并非理想的、而是真正的理性诫命的不懈**追求**。对于一个理性的、但却有限的存在者来说,惟有从道德完善性的低级阶段向较高阶段的无限进步才是可能的。对于**无限者**来说,时间条件是无,他把这个对我们来说无穷无尽的序列看做与道德法则的那种适合性的整体,而且他的诫命为了在他给每一个人规定的至善份额上与它的公正相符而毫不含糊地要求的神圣性,惟有在对理性存在者的存在的一种理智直观中才可以完全发现。而就这种份额的希望而言惟一能够属于造物的东西,则是对他那经过考验的意向的意识,为的是从他迄今由比较恶到道德上比较善的进步中,从他由此得知的始终不渝的决心中,希望不论他的实存能够达到多久,甚至超出此生,这种进步今后都将坚持不懈地延续下

去①，而且绝不是此时或者在他的存在的某个可以预见的未来时刻，而只是在他的存续的（惟有上帝才能综观的）无限性中与上帝的意志完全契合（无须与公正不相称的宽纵和赦免）。 [124]

## 五、作为纯粹实践理性之公设的上帝存在

在前面的分析中，道德法则导致了无须感性动机的任何参与而仅仅由纯粹理性指定的实践任务，也就是至善的第一和主要的部分亦即**道德性**的必然完备性，而且既然这一任务惟有在一种永恒中才能完全得到解决，就导致了**不死**的公设。正是这一法则，也必然和前面一样无私地、仅仅从不偏不倚的理性出发，导致至善的第二个要素的可能性，亦即与那种道德性相适合的**幸福**的可能性，也就是说，导向一个与这种结果相符的原因的存在的预设，亦即把**上帝的实存**公设为必然属于至善（我们意志的这一客体是与纯粹理性的道德立法必然相结合的）的可能性的。我们要令人信服地阐述这一联系。

**幸福**是尘世中一个理性存在者的状态，对这个理性存在者

---

① 尽管如此，**确信**自己的意向在向善的进步中始终不渝，对于一个造物独自来说似乎是不可能的。因此缘故，基督教的宗教学说也仅仅让这种确信起源自圣灵，圣灵使人神圣，也就是说造成坚定的决心，并与此同时造成在道德进步中的不屈不挠的意识。但是，意识到自己毕生很长时间里直到生命终结都在坚持向着更善进步，并且是出自真正的道德动机的人，也自然而然地可以形成尽管还不是确知却令人慰藉的希望，即他在一种超出此生而继续的实存中还将坚守这些原理，而且尽管在他自己的眼中，他在这里绝没有充足的理由，也不可以凭着所期冀的他的自然完善性的未来增长——但与此同时他的义务也在增长——而在某个时候希望有一个**永福的**未来的前景，尽管如此却可以在这种虽然涉及一个无限推移的目标，但对于上帝来说却已属拥有的进步中希望这一点；因为永福是理性用来表示一种不依赖于尘世中一切偶然原因的完备**福祉**的术语，这种福祉与**神圣性**一样，是一个只能包含在一种无限的进步及其总体性之中的，因而永远不为造物完全达到的理念。

来说，就他的实存的整体而言**一切都按照愿望和意志进行**，因而所依据的是自然与他的整个目的，此外与他的意志的本质性规定根据的协调一致。现在，道德法则作为一条自由的法则，是通过应当完全不依赖于自然及其与我们的欲求能力（作为动机）的协调一致的那些规定根据发布命令的；但是，在尘世中行动着的理性存在者毕竟并不同时是世界和自然本身的原因。因此，在道德法则中没有丝毫的根据，来使一个作为部分属于世界，因而依赖于世界的存在者的道德性和与之成比例的幸福之间有一种必然的联系，这个存在者正因此而不能通过自己的意志成为这个自然的原因，而且就他的幸福而言，也不能从自己的力量出发使这个自然与他的实践原理完全一致。尽管如此，

〔125〕 在纯粹理性的实践任务中，也就是说，在对至善的必然探讨中，这样一种联系却被公设为必然的：我们**应当**力求促进至善（所以它毕竟必然是可能的）。因此，整个自然的一个与自然有别的原因的存在也就被**公设**了，这个原因包含着上述联系亦即幸福与道德性精确一致的根据。但是，这个至上的原因应当不仅包含自然与理性存在者的意志的一种法则一致的根据，而且还就这些理性存在者把这一法则给自己设定为**意志的至上规定根据**而言包含着自然与这一**法则**的表象一致的根据，从而不仅包含着自然与道德在形式上的一致，而且还包含着自然与道德在作为他们动机的他们的道德性上的一致，也就是说，与他们的道德意向的一致。因此，惟有假定自然的一个拥有与道德意向相符合的因果性的至上原因，尘世中的至善才是可能的。现在，一个能够按照法则的表象采取行动的存在者就是一个**理智**（理性存在者），而且这样一个存在者按照法则的这种表象的因果性就是他的**意志**。因此，自然的至上原因，就其为至善而必须被预设而言，就是一个通过**知性**和**意志**而是自然的原因（因而是创造者）的存在者，亦即上帝。所以，**派生的至善**（最好的世界）的可能性的公设同时就是一个**源始的至善**的现实性的公设，亦即上帝的实存的公设。现在，对于我们来说，促进至善本就是义务，因而预设这种至善的可能性就不仅是权限，而且也是与作为需要的义务相结合的必然性；既然至善惟有在上帝存在的

条件下才是成立的，所以上帝存在的预设就与义务不可分割地结合在一起，也就是说，假定上帝的存在，在道德上是必然的。

这里应当注意的是：这种道德上的必然性是**主观的**，亦即是需要，而不是**客观的**，亦即本身不是义务；因为根本不可能有一种假定某个事物实存的义务（因为这仅仅关涉理性的理论应用）。这也不被理解为，假定上帝的存在是**一切一般责任的一个根据**，乃是必然的（因为如已经充分证明了的，这个根据所依据的仅仅是理性自身的自律）。在这里，属于义务的惟有对尘世中的至善的产生和促进所作的探讨；因此，这种至善的可能性是可以公设的，但是，我们的理性发现，只有预设一个最高的理智，这种可能性才是可思议的；因此，假定一个最高的理智的存在与我们的义务的意识是结合在一起的，尽管这种假定本身是属于理论理性的；仅仅就理论理性而言，这种假定作为解释根据来看可以叫做**假说**，但在与一个毕竟通过道德法则提交给我们的客体（至善）的关系中，因而在与一种实践的意图中的需要的关系中，它就可以叫做**信念**，而且是纯粹的理性信念，因为惟有纯粹的理性（不仅在其理论应用上，也在其实践应用上）才是这种信念由以产生的源泉。〔126〕

从现在开始，从这一**演绎**出发就可以理解，为什么**希腊各学派**从来未能解决它们关于至善的实践可能性的问题，仅仅因为它们总是使人的意志应用自己的自由的规则成为这种可能性的惟一的和充足的根据，在它们看来为此并不需要上帝的存在。虽然它们不依赖于这一公设，仅仅从理性与意志的关系出发来确立道德的原则，从而使之成为至善的**至上**实践条件，这一点做得很对，但它却并不因此就是至善的可能性的**全部**条件。**伊壁鸠鲁学派**虽然把一个完全错误的道德原则，亦即幸福的原则，假定为最高的原则，并且把依照每一个人自己的偏好进行任意选择的准则偷换成一条法则，但他们在这里的行事方式却毕竟是足够**前后一致**的，他们同样地、亦即与他们的原理的低下成正比地贬低了他们的至善，而且并不期望有比通过人的明智（节制和偏好的控制也属于明智）所获得的更大的幸福，而如人们所知，这种明智的结果必定是相当贫乏的，并且根据种种情况是极为不同的；就更不用说他们的准则必须不断地承认的、并且使得他们的准则不适合于用做法则的种种例外了。与此相反，**斯多亚学派**完全正确地选择他们至上的实践原则亦即德性来作为至善的条件，但由于他们把德性的纯粹法则所需要的德性程度想象为在此生完全可以达到的，所以他们不仅把人的道德能力以一个**智者**的名义扩张到超出人的本性的所有限制的高度，并假定某种与一切人类知识相矛盾的东西，而且尤其也根本不想让属于至善的第二个**成分**，亦即幸福，被视为人的欲求能力的一个特殊对象，而是使他们的**智者**宛如一个意识到自己人格的卓越性的神祇一般完全独立于自然（在他的满意方面），因为他们虽然使这位智者遭受生活的不幸，但却不使他屈服于这些不幸（同时也把他表现为摆脱了恶的），这样就实际上删除了至善的第二个要素，亦即自身的幸福，因为他们把这一要素仅仅设定在行动和对自己人格价值的满足中，从而将它包括在道德思维方式的意识中，但在这里，他们通过他们自己的本性的声音就已经能够被充分地驳倒了。

〔127〕

基督教的学说①，即便人们还不把它视为宗教学说，也在

---

① 人们通常认为，基督教的道德规范就其纯粹性而言，并没有胜过斯多亚学派的道德概念之处；然而，二者的区别毕竟是十分明显的。斯多亚学派的体系使坚忍的意识成为一切道德意向应当绕之旋转的枢纽，而且尽管这一体系的追随者们谈到了义务，也十分清楚地规定了义务，但他们毕竟把动机和意志真正的规定根据置于思维方式超越低级的、仅仅通过懦弱来起决定作用的感官动机之上的升华中。因此，德性在他们那里就是超升于人的动物本性之上的**智者**的某种英雄气概；对于智者本人来说，英雄气概就够了，他虽然给别人讲义务，但自己却超脱了义务，不屈服于任何逾越道德法则的诱惑。但是，如果他们像福音书的规范所做的那样，纯粹且严格地表象这种法则，他们就做不到这一切。如果我把一个**理念**理解为一种完善性，在经验中没有任何东西能够与它契合地被给予，那么，道德理念因此就不是什么过分的东西，也就是说，不是我们甚至连它的概念也不能充分规定的东西，或者是否某个地方有一个对象与之相应也不确定的东西，就像思辨理性的理念那样；相反，它们作为实践完善性的原型，充当着道德行为不可或缺的准绳，同时充当着**比较的尺度**。如果我从其哲学方面来考察**基督教道**

这一点上提供了一个至善（上帝之国）的概念，惟有这个概念  [128]
才使实践理性的最严格的要求得到满足。道德法则是神圣的
（不宽纵的），并且要求道德的神圣性，虽然人所能够达到的所
有道德完善性都始终只不过是德性，亦即出自对法则**敬重**的
合乎法则的意向，因而是对于逾越，至少是遵循法则的动机不
纯，亦即混杂许多不纯正的（非道德的）动机的一种持续的倾
向的意识，所以是一种与谦卑相结合的自我欣赏，从而就基督
教的法则所要求的神圣性而言，留存给造物的就只有无限的进
步，但也正因为此，造物就有理由希望自己无限的存续。一种
与道德法则完全适合的意向的**价值**是无限的，因为一切可能的
幸福在一个智慧的和万能的幸福分配者的判断中，除了理性存
在者对自己的义务缺乏适合之外，没有任何别的限制。但是，
道德法则独自说来毕竟不应许幸福；因为按照关于一般自然秩
序的概念，幸福并不与道德法则的遵循结合在一起。基督教的
道德学说通过把理性存在者在其中尽心尽意地献身于道德法则
的世界描绘为一个**上帝之国**而弥补了这一（至善的第二个不可
或缺的成分的）欠缺，在上帝之国中，通过一位使派生的至善
成为可能的神圣创造者，自然与道德达到了一种对二者中的每
一个单独说来都不具有的和谐。道德的**神圣性**已经被指定为他
们此生的准绳，但与这种神圣性成正比的福祉，亦即**永福**，却  [129]
仅仅被表象为在一种永恒中可达到的，因为**前者**在任何状况中
都必须始终是他们的行为的原型，而且向它的进步即便在此生

> 德，那么，它与希腊各学派的理念相比就会表现如
> 下：**犬儒学派、伊壁鸠鲁学派、斯多亚学派和基督
> 徒**们的理念分别是：**素朴、明智、智慧**和**神圣**。至
> 于达到它们的途径，希腊哲学家们则各不相同，犬
> 儒学派认为**平常的人类知性**就够了，其他的认为只
> 有**科学**的途径才可以，因此二者毕竟都认为单纯**应
> 用自然力量**就足以做到。基督教的道德由于如此纯
> 粹和不宽纵地确立自己的规范（也必须是这样），就
> 剥夺了人至少在此生与它完全契合的自信，但毕竟
> 又这样建立了自信，即如果我们尽我们**能力**所及地
> 行为善良，我们就能够希望，非我们能力所及的东
> 西，将在别的地方使我们受益，无论我们现在是否
> 知道以何种方式。**亚里士多德**和**柏拉图**只是就我们
> 道德概念的起源而言才彼此有别。

中也是可能的和必然的,而**后者**则在这个尘世中却是不能以幸福的名义达到的(就取决于我们的能力而言),因而仅仅被当做希望的对象。尽管如此,基督教的**道德**原则本身毕竟并不是神学的(因而不是他律的),而是纯粹实践理性独自说来的自律,因为这种道德并不使上帝及其意志的知识成为这些法则的根据,而是仅仅使之成为在遵循这些法则的条件下达到至善的根据,它甚至把遵循这些法则的真正**动机**不是置于所期望的遵循法则的后果中,而是仅仅置于义务的表象中;配得上获得这些后果,就在于忠实地遵循这种义务。

以这样的方式,道德法则就通过至善作为纯粹实践理性的客体和终极目的的概念导致了**宗教**,也就是说,导致了**一切义务是神的诫命的知识,这些诫命不是强迫命令,亦即不是一个外来意志的任意的、自身偶然的指令,而是每一个自由意志自身的根本法则**,但尽管如此却必须被视为最高存在者的诫命,因为我们惟有从一个道德上完善的(神圣的和仁慈的),同时也是全能的意志那里才能希望至善,从而通过与这个意志的一致才能希望达到至善,而把至善设定为我们追求的对象,则是道德法则使之成为我们的义务的。因此,即便在这里,一切也依然是无私的、仅仅以义务为根据的;不可以把恐惧或者希望作为动机当做基础,它们如果成为原则,就会毁掉行动的全部道德价值。道德法则命令,要使一个尘世中可能的至善成为我的一切行为的最终对象。但是,除非通过我的意志与一个神圣的和仁慈的世界创造者的意志一致,我就不能希望去造成这个至善;尽管在作为一个整体的至善概念中,最大的幸福与最大程度的道德的(在造物中可能的)完善性被表象为以最精确的比例结合在

〔130〕一起的,**我自己的幸福**就一并包含在其中,但毕竟不是幸福,而是道德法则(它毋宁说把我对幸福的无限度追求严格地限制在一些条件上),才是被指定去促进至善的那个意志的规定根据。

因此,即便道德,真正说来也不是我们如何**使得**自己幸福的学说,而是我们应当如何**配享**幸福的学说。惟有当宗教出现时,也才出现我们有朝一日按照我们曾关注不至于不配享幸福的程度来分享幸福的希望。

如果某人拥有一件事物或者一种状态，这与至善是一致的，那么；他就**配享**这种拥有。现在，人们很容易就可以看出，所有的配享都取决于道德行为，因为道德行为在至善的概念中构成了其余的（属于状态的）东西的条件，亦即分享幸福的条件。于是由此得出：人们必须永远不把道德当做**幸福学说**，亦即当做一种分享幸福的指南来对待；因为它只与幸福的理性条件（conditio sine qua non〔必要条件〕）相关，而与获得幸福的手段无关。但是，如果道德（它仅仅提出义务，但不给自私的愿望提供规则）得到完备的阐述，惟有在这种情况下，当此前没有一个自私的灵魂能够产生的促进至善（给我们带来上帝之国）的道德愿望被唤醒，并为了这个愿望迈出了走向宗教的步伐之后，这种道德学说才能够也被称为幸福学说，因为对幸福的**希望**是随着宗教才开始的。

人们由此就可以看出：如果就创造世界而言追问**上帝的终极目的**，则人们必须举出的不是世上理性存在者的**幸福**，而是**至善**，至善给这些存在者的那个愿望附加了一个条件，即配享幸福的条件，也就是这同一些理性存在者的**道德性**，惟有道德性才包含着他们据以能够希望凭借一位**智慧的创造者**之手分享幸福的惟一尺度。因为既然**智慧**在理论上来看意味着**至善的知识**，而在实践上来看意味着**意志对至善的适合**，所以人们就不能把一种仅仅基于**仁慈**的目的赋予一个最高的独立智慧。因为只有在与创造者的意志的神圣性①相一致这个限制条件下，人

〔131〕

---

① 在这里，并且为了标明这些概念的独特之处，我还要说明的只是：当人们赋予上帝种种不同的属性时，人们发现这些属性的性质也适合造物，只不过它们在上帝那里被提升到最高的程度罢了，例如力量、知识、在场、善等，被称为全能、全知、全在、全善等；但毕竟有三种性质仅仅被赋予上帝，并且不带关于**大小**的附加语，而且它们全都是道德上的：上帝是**惟一神圣的、惟一永福的、惟一智慧的**；因为这些概念已经具有不受限制性。因此，按照它们的秩序，上帝在这种情况下也是**神圣的立法者**（和创造者）、**仁慈的统治者**（和维护者）、**公正的审判者**，这三个属性包含着上帝借以成为宗教对象的一切，而与它们相适合，种种形而上学的完善性就自行添加进理性中。

们才能把仁慈的这种结果设想成与源始的至善相适合的。因此，那些把创造的目的设定在上帝的荣耀之中（前提条件是，人们不要以神人同形同性论的方式把这种荣耀设想成受称颂的偏好）的人们，也许就发现了最好的表述。因为再也没有比尘世中最宝贵的东西更能荣耀上帝了，这就是：敬重他的诫命，遵循他的法则交付给我们的神圣义务，如果他的壮丽的部署还要使这样一种美好的秩序配上相适合的幸福而得以圆满的话。如果后者（以人的方式来说）使上帝值得爱，那么，他就由于前者而是崇拜（朝拜）的对象。甚至人们虽然也能够通过行善而获得爱，但却永远不能仅仅通过行善就获得敬重，以至于最大的善行也只有通过按照配享来施行，才给他们带来荣耀。

〔132〕

在种种目的的秩序中，人（以及每一个理性存在者）就**是目的自身**，也就是说，人永远不能被某个人（甚至不被上帝）仅仅当做手段来使用，而不同时自身就是目的，因此，我们人格中的人性对我们自己来说必然是**神圣的**，这是从现在起自行得出的结论，因为人是**道德法则的主体**，从而是那种就自身而言神圣的、一般来说某种东西只是因为它并且与它相一致才能够被称为神圣的东西的主体。因为这种道德法则乃是建立在他的意志的自律之上的，作为一种自由的意志，他的意志按照自己的普遍法则必然能够同时与它应当**服从**的东西**协调一致**。

## 六、总论纯粹实践理性的公设

这些公设全都是从道德性的原理出发的，这个原理不是公设，而是理性用来直接规定意志的一个法则，这个意志正由于它被这样规定而作为纯粹意志要求着遵循它的规范的这些必要条件。这些公设不是理论的教义，而是在必然实践的考虑中的**前提条件**，因而虽然并不扩展思辨知识，但却**总的来说**（凭借它们与实践的东西的关系）给予思辨理性的理念以客观实在性，并使思辨理性对于它本来甚至不能自诩哪怕是仅仅主张其

123

可能性的概念具有权利。

这些公设就是**不死**的公设、积极地来看（作为一个存在者就其属于理知世界而言的因果性）的**自由**的公设和**上帝存在**的公设。**第一个**公设产生自持存与道德法则的完整履践相适应这个实践上的必要条件；**第二个**公设产生自对感官世界的独立性和按照一个理知世界的法则规定其意志的能力，亦即自由这个必要的前提条件；**第三个**公设产生自通过预设独立的至善亦即上帝的存在来给这样一个理知世界为了成为至善提供条件的必要性。

因此，由于对道德法则的敬重而成为必要的针对至善的意图，亦即由此产生的对至善的客观实在性的预设，就通过实践理性的公设导向了思辨理性虽然能够作为课题提出、但却未能解决的几个概念。所以，1. 导向了这样一个课题，在它的解决中思辨理性只能犯下**谬误推理**（亦即不死的课题），因为它缺乏持久性的特征，不能把在自我意识中必然被赋予灵魂的那个最终主体的哲学概念补足成一个实体的实在表象，这一点，实践理性通过一种为在作为实践理性的全部目的的至善中与道德法则相适合所要求的持存的公设而做到了。2. 借助于自由的公设，它导向了这样一个概念，关于它思辨理性只包含有**二论背反**，思辨理性只能把这二论背反的解决建立在一个虽然可以或然地思维，但就其客观实在性而言却对思辨理性来说不能证明和规定的概念之上，这就是一个理知世界的**宇宙论**理念，以及对我们在这个理知世界中的存在的意识（至于自由的实在性，它是通过道德法则，与此同时通过一个理知世界的法则来阐明的，对这个理知世界思辨理性只能指出，但却不能规定它的概念）。3. 它使思辨理性虽然想到，但却不得不使之作为纯然的先验**理想**而不加规定的东西，即元始存在者的**神学**概念，获得了意义（在实践的意图中，亦即作为由那个法则所规定的意志的客体之可能性的条件），也就是在一个理知世界中通过在其中实行统治的道德立法使至善的至上原则获得意义。

但是，我们的知识以这样的方式就通过纯粹实践理性得到

[133]

了现实的扩展,而对于思辨理性来说曾是**超验的**东西,在实践理性中就是**内在的**吗?当然,但**只是在实践的意图中**。因为我们虽然由此既没有对于我们灵魂的本性,也没有对于理知的世界,更没有对于最高的存在者,按照它们就自身而言之所是而有所认识,而只是把它们的概念在作为我们意志的客体的**至善这一实践**概念中结合起来了,而且是完全先天地通过纯粹理性来结合的,但却只是借助于道德法则,并且也仅仅与道德法则相关,就它所要求的客体而言才如此。但是,何以哪怕自由也仅仅是可能的,而且人们如何能够在理论上并积极地表现这个种类的因果性,这却没有由此而看出来,而是仅仅通过道德法则并为了道德法则而公设了有这样一种因果性存在。别的那些理念的情况亦复如是,永远没有任何人类知性按照其可能性来探究它们,但它们不是真实的概念这一点,也将永远没有任何诡辩从哪怕最普通的人的确信中夺走。

〔134〕

## 七、如何可能设想纯粹理性在实践的意图中的扩展却不同时由此扩展其思辨的知识?

为了不致过于抽象,我们要马上在目前这个场合的应用中来回答这个问题。——为了**在实践上扩展一种纯粹的知识**,必须被先天地给予一个**意图**,亦即一个作为(意志之)客体的目的,这个客体独立于一切理论的原理,通过一个直接规定意志的(定言的)命令式,被表现为实践上必然的,而这在此处就是**至善**。但是,如果不预设三个理论概念(由于它们只是纯粹的理性概念,所以不可能为它们找到相应的直观,因而不可能沿着理论的途径为它们找到任何客观实在性),亦即自由、不死和上帝,至善就是不可能的。因此,通过要求在一个世界里可能的至善有实存的道德法则,纯粹思辨理性的那些客体的可能性,以及纯粹思辨理性不能向这些客体保证的客观实在性,就被公设出来了;由此,纯粹理性的理论知识当然就获得了一种增长,但这种增长仅仅在于,那些通常对于纯粹理论来说或然的(仅仅可思维的)概念,现在就被实然地解释为应现实地把客体归于它们的概念了，因为实践理性为了自己的而且是实践上绝对必要的客体亦即至善的可能性，不可避免地需要它们的实存，而理论理性由此就被授权去预设它们。但是，理论理性的这种扩展并不是思辨的扩展，亦即不是为了**在理论的意图**中从现在起对它作出一种积极的应用。因为既然在这方面通过实践理性所提供的无非是：那些概念是实在的，而且现实地拥有自己的（可能的）客体，但同时关于这些客体的直观却没有任何东西被给予我们（这也是不可以要求的），所以，没有任何综合命题通过这些概念被承认的实在性而成为可能。因此，这种开放在思辨的意图中对我们没有丝毫帮助，但就纯粹理性的实践应用而言，倒是有助于扩展我们的这种知识。思辨理性的上述三个理念就自身而言还不是什么知识；但这毕竟是些（超验的）**思想**，在它们里面没有任何不可能的东西。现在，它们通过一个无可置疑的实践法则，作为这个法则要求当做客体的那种东西的可能性的必要条件，获得了客观实在性，也就是说，我们通过那个法则得到指示：**它们拥有客体**，但却毕竟不能指出它们的概念是如何与一个客体发生关系的，而这也就还不是对**这些客体**的知识；因为人们由此根本不可能作出任何综合的判断，也不可能对它们的运用在理论上作出规定，因而对它们根本不能做理性的任何理论应用，而理性的一切思辨知识真正说来就在于这种应用。但尽管如此，**虽然不是这些客体的**，但却是一般理性的理论知识却由此而在下述意义上得到了扩展，即通过这些实践的公设，毕竟把**客体给予**了那些理念，因为一个仅仅或然的思想首先借此获得了客观实在性。因此，这并不是**关于被给予的超感性对象**的知识的扩展，但毕竟是理论理性及其在一般超感性事物方面的知识的扩展，这是就理论理性被迫承认**有这样一些对象**而言的，但对于这些对象却不能作出更详细的规定，因而不能扩展关于这些客体（它们从现在起就出自实践的理由并且也只是为了实践的应用而被给予了理性）的知识本身，因此，纯粹理论理性必须把上述知识的增长仅仅归功于它的纯粹实践能力，而对它来说，所有那些理念都是超验的，都没有客体。在纯粹实践能力这里，它们都成为**内**

〔135〕

**在的和建构性的**，因为它们都是使纯粹实践理性的**必要客体**（至善）**成为现实**的那种可能性的根据，除此之外，它们就是**超验的**，是思辨理性的纯然**范导性**原则，这些原则责成思辨理性的事情，并不是超出经验之外去假定一个新的客体，而仅仅是使它在经验中的运用接近完备。但是，一旦理性具有了这种增长，那么，它作为思辨理性（真正说来只是为了保证它的实践应用）借助那些理念进行的工作就将是消极的，也就是说，不是在扩展，而是在澄清，以便一方面抵挡作为**迷信**之源泉的**神人同形同性论**或者通过自以为的经验对那些概念所作的表面上的扩展，另一方面抵挡通过超感性的直观或者诸如此类的感觉应许那种扩展的**狂信**；这一切都是纯粹理性的实践应用的障碍，因此，对它们的防范当然属于我们的知识在实践的意图中的扩展，而同时承认理性在思辨的意图中丝毫也没有因此而有所收获，这与那种扩展并不矛盾。

[136]

  对于理性就一个对象而言的任何应用，都要求有纯粹的知性概念（范畴），没有它们，就不能思维任何对象。这些纯粹的知性概念只能被运用于理性的理论应用，也就是说，被运用于同时配备有直观（直观在任何时候都是感性的）的那种知识，因而仅仅是为了通过它们来表现可能经验的一个客体。但现在，理性的这些根本不可能在任何经验中被给予出来的**理念**，在这里却是我必须通过范畴来思维以便认识的东西。不过，这里所说的也不是对这些理念的客体的理论知识，而只是说这些理念一般而言具有客体。纯粹实践理性获得了这种实在性，而在此理论理性所要做的无非是通过范畴仅仅**思维**那些客体，这正如我们在别的地方已经清楚地指出的那样，完全可以不需要直观（无论是感性直观还是超感性直观）来进行，因为范畴在独立于并且先于一切直观、仅仅作为思维能力的纯粹知性中拥有自己的位置和起源，而且它们永远只意味着一个一般客体，**无论它以哪一种方式被给予我们**。现在，就范畴应当被运用于那些理念而言，虽然不可能在直观中给予它们以任何客体；但是，它们毕竟是通过实践理性在至善的概念中毫无疑问地呈现出来的一个客体，通过为了至善的可能性所要求的**那些概念的实在性**，而充分地得到保证：**这样一个客体是现实的**，从而范畴作为一种纯然的思维方式在这里不是空洞的，而是有意义的，尽管如此，也并不由于这种增长而造成根据理论原理的知识的**丝毫扩展**。

※　　※　　※

除此之外，如果通过取自我们自己的本性的那些谓词来规定上帝、一个理知世界（上帝之国）和不死这些理念的话，那么，人们就既不可以把这种规定视为那些纯粹的理性理念的**感性化**（神人同形同性论），也不可以把它视为对**超感性的**对象的越界知识；因为这些谓词无非是知性和意志，确切地说是当它们在道德法则中被思维时在相对关系中这样看的，因而只是就对它们作一种纯粹的实践应用而言的。在这种情况下，其余一切在心理学上，亦即就我们对我们的这些能力**在它们实施时**进行经验性观察而言与这些概念有关联的东西（例如，人的知性是推论性的，因而它的表象是思想而不是直观，这些表象在时间中前后相继，人的意志总是带有满意对于其对象的实存的一种依赖性，如此等等，而在最高的存在者里面却不可能是这样），就都被抽掉了，这样，对于我们用来思维一个纯粹知性存在者的那些概念，所剩下的就无非是恰恰为了思维一个道德法则这种可能性所要求的东西了，因而虽然是对上帝的一种知识，但却是仅仅在实践的关系中，由此，如果我们试图把它扩展成为一种理论知识，我们就将得到一种并不思维但却**直观**的知性，一种指向对象而其满意丝毫也不依赖对象的实存的意志（我甚至不想提及那些先验的谓词，例如实存的某种量，亦即持存，但它并不出现在时间中，而时间是我们把存在表现为量的惟一对我们来说可能的手段），完全是些我们对之不能形成任何与对象的**知识**相适合的概念的属性，我们由此也就得知，它们永远不能被运用于关于超感性存在者的**理论**，因而也根本不能够在这方面建立起一种思辨的知识，而是把自己的应用仅仅限制在道德法则的履践上。

后面这一点是如此显而易见，并能够通过事实得到如此清晰的证明，以至于人们可以大胆放心地要求所有自以为的**自然**

〔137〕

[138] 的对神博学者（一个怪异的名称①），哪怕只举出一个（超出纯然本体论的谓词）规定他们的对象的属性，例如知性的属性或者意志的属性，让人们不能对之无可争议地表示，如果从中抽掉一切神人同形同性论的东西，给我们剩下的就是纯然的语词，不能把丝毫的概念与之相结合，借以可以希望对理论知识有一种扩展。但就实践的东西而言，从一个知性和意志的那些属性中毕竟还是给我们留下了一种关系的概念，实践法则（它恰恰先天地规定了知性与意志的这种关系）使这个概念获得了客观实在性。这种情况一旦发生，一个道德上受到规定的意志之客体的概念（至善的概念），以及与它一起这客体的可能性的条件亦即上帝、自由和不死的理念，也都被给予了实在性，但永远只是在与道德法则的履践的关系中（不是为了任何思辨的目的）被给予的。

在作了这些提醒之后，现在也就可以很容易地找到这个重要的问题的答案了：**上帝的概念是一个属于物理学**（因而当形而上学只包含物理学在普遍意义上的那些纯粹先天原则时，也属于形而上学）**的概念还是一个属于道德的概念**？对自然安排或者其变化作出**解释**，如果人们乞灵于作为一切事物的创造者的上帝，那么这至少不是一种物理学的解释，而到处都是在承认自己的哲学完结了：因为人们为了能够对自己眼前看到的东西形成一个概念而不得不假定自己对之本来没有任何概念的东西。但是，通过形而上学从对**这个世界的知识出发凭借可靠的推论**来达到上帝的概念及其实存的证明，这之所以是不可能的，乃是因为我们必须把这个世界当做最完满的可能整体来认

---

① **博学**真正说来只是各种**历史科学**的总和。因此，惟有启示神学的教师才能叫做**对神博学者**。但是，如果人们也想把那种拥有各种理性科学（数学和哲学）的人称为一个博学者，尽管这已经会与词义（即它在任何时候都仅仅把绝对必须被**教给**，因而不能通过理性自行发明的东西算做博学）相矛盾，那么，哲学家就完全可能以自己作为实证科学的上帝知识给人以太坏的印象，以至于因此不能被称为一个**博学者**。

识,从而为此目的而必须认识一切可能的世界(以便能够把它们与这个世界进行比较),从而必须是全知的,以便说这个世界惟有通过一个**上帝**(就像我们必须思维这个概念那样)才是可能的。但是,完全从纯然的概念出发来认识这个存在者的实存,这是绝对不可能的,因为任何一个实存命题,亦即关于一个我对之形成一个概念的存在者说它实存着的命题,都是一个综合命题,也就是这样一个命题,通过它,我超出那个概念,关于这个存在者说出比在概念中所曾想到的更多的东西,亦即对于这个**知性之中**的概念来说,还要设定一个**知性之外**的对象与之相应,而这显然是通过任何一种推论都不可能得出的。因此,对于理性来说,就只剩下一种程序来达到这种知识了,这就是它作为纯粹理性,从它的纯粹实践应用的至上原则出发(因为这种应用本来就仅仅指向作为理性之后果的某物之**实存**)来规定自己的客体。而在这里,就不仅仅是在理性不可避免的任务,亦即使意志必然指向至善的任务中显示出在世界上的这种善的可能性的关系中假定这样一个元始存在者的必要性,而且最值得注意的是,还显示出理性沿着自然道路的进程所完全缺乏的某种东西,即**这个元始存在者的一个得到精确规定的概念**。既然我们只认识这个世界的一个小部分,更不能把这个世界与一切可能的世界进行比较,所以,我们固然可以从这个世界的秩序、合目的性和巨大而推论出它的一个**智慧**、**善意**、**强大**等的创造者,但却不能推论出他的**全知**、**全善**、**全能**等。人们也完全可以承认:自己完全有权通过一个可以容许的、完全合理的假说来弥补这个不可避免的缺陷;也就是说,如果在我们较切近的知识所呈现出的如此之多的部分中都凸显出智慧、善意等,那么,在其余所有部分中就也会是这样,因而把一切可能的完善赋予世界的创造者就是合理的;但是,这并不是我们自以为有所洞识所凭借的什么**推论**,而只是人们能够迁就我们的一种许可,而这种许可为了能够得到应用毕竟还需要其他方面的推荐。因此,上帝的概念沿着经验性的途径(物理学的途径)就依然永远是关于第一存在者的完善**一个不曾得到精确规定的概念**,不能把它视为与一个神祇的概念是相适合的

〔139〕

(但凭借形而上学在其先验部分中却根本不可能有任何建树)。

[140] 现在，我试图把这个概念固定在实践理性的客体上，在这里我发现，道德原理惟有在预设一个具有**最高完善性**的世界创造者的情况下才允许这个概念是可能的。这个世界创造者必须是**全知的**，以便在一切可能的场合和在一切未来都认识我的行为，直到我的意向的最深处；他必须是**全能的**，以便赋予我的行为以适当的后果；他同样必须是**全在的**、**永恒的**；等等。从而，道德法则就通过作为一种纯粹实践理性之对象的至善的概念规定着作为**最高存在者**的元始存在者的概念，这是理性的物理学进程（并更高地延伸到形而上学进程），因而其全部思辨进程所无法做到的。因此，上帝的概念是一个原初就不属于物理学的概念，亦即不是对思辨理性来说的概念，而是一个属于道德的概念，而且对于我们上面已经当做理性在其实践应用中的公设来对待的其他那些理性概念，人们也都可以说同样的话。

如果人们在**阿那克萨哥拉**之前的希腊哲学史中没有发现一种纯粹的理性神学的任何清晰的痕迹，那么，原因并不在于这些较早的哲学家们缺乏知性和洞识，以至于不能通过思辨的途径至少借助一种完全合理的假说来把自己提高到这一点；有什么能够比自行呈现给每个人的思想，即不假定不同的世界原因的不确定的完善程度，而是假定一个具有**一切完善性**的惟一理性的世界原因，要更为容易和更为自然呢？但是，世界上的灾祸似乎对他们来说是许多太重要的异议，以至于不能认为有权利作出这样一种假说。因而他们在这一点上表现出来的恰恰是知性和洞识，即他们并不冒昧地作出那种假说，反而在自然原因中去四处寻找，看自己是否能够在这些原因中遇到元始存在者所要求的那种性状和能力。但是，当这个思想敏锐的民族在探究中走过如此之远，甚至对其他民族从来也没有超出过空泛议论的那些道德对象也作了哲学上的探讨之后，他们这时才第一次发现了一种新的需要，即一种实践的需要，这种需要不会不给他们确定地指明元始存在者的概念，而此时思辨理性却袖手旁观，至多还有这样的功劳，即对一个不是在自己的地基上

[141] 成长起来的概念加以修饰，并且用现在才出现的一系列出自自

然观察的证实，来与其说是提高这个概念的声望（这声望已经确立起来了），倒不如说只是用自以为的理论上的理性洞识大讲排场。

※　　　※　　　※

从这些提醒中，纯粹思辨理性批判的读者将完全确信，那个费力的范畴**演绎**对于神学和道德而言是如何极其必要、如何有益了。因为惟有通过这种演绎才能防止，当人们把这些范畴设定在纯粹知性中时与**柏拉图**一起把它们看做天生的，并在这上面用人们无法预见其结局的超感性事物的理论建立起越界的僭妄，却由此使神学成为充满幻影的魔灯；而当人们把这些范畴视为获得的时，则防止人们与**伊壁鸠鲁**一起把它们所有的和每一种应用，甚至是实践的意图中的应用，都仅仅限制在感官的对象和规定根据之上。但现在，批判在那个演绎中证明了，**第一**，这些范畴并没有经验性的起源，而是先天地在纯粹知性中有自己的位置和来源；还有**第二**，既然它们不依赖于对象的直观而与**一般对象**发生关系，它们虽然惟有在运用于通过纯粹实践理性而被给予的对象时也充当对**超感性的东西的确定的思维**，但却仅仅是就这种超感性的东西只是通过这样一些必然属于纯粹的、被先天地给予的**实践意图**及其可能性的谓词来规定而言的。对纯粹理性在思辨上的限制和对它在实践上的扩展就第一次把纯粹理性带入了一般理性在其中可以得到合目的的运用的**平等关系**之中，而这个例子就比别的例子更好地证明，通过**智慧**的道路如果应当是可靠的而不是不可通行的或者引入歧途的，那么它在我们人这里就不可避免地必须经过科学，但人们惟有在这科学完成之后，才能够确信它是导向那个目标的。

### 八、出自纯粹理性的一种需要的视之为真

〔142〕

纯粹理性在其思辨应用中的一种**需要**仅仅导向**假说**，但纯粹实践理性的需要却导向**公设**；因为在前一种场合，我从派生的东西出发在根据的序列中上升到**如我所愿**的高度，并且需要一个元始根据，不是为了给予那种派生的东西（例如世界上的

事物和变化的因果结合）以客观实在性，而只是为了就派生的东西而言完全满足我的研究的理性。这样，我就在我面前的自然中看到了秩序和合目的性，而且并不为了确信它们的**现实性**而需要着手去进行思辨，而只是为了**解释**它们而需要**预设一个神祇**来作为它们的原因；这样，由于从一个结果向一个确定的原因，尤其是像我们必须想到上帝时那样严格一样完全地确定的原因所作的推论永远是不可靠的和困难的，所以这样一个预设就不能超过对我们人来说最合理的意见的程度。① 与此相反，纯粹**实践**理性的一种需要乃是基于一种**义务**的，即是使某种东西（至善）成为我的意志的对象，以便尽我的一切力量去促成它；但我在这里必须预设它的可能性，从而也预设这种可能性的条件，亦即上帝、自由和不死，因为我通过我的思辨理性不能证明它们，尽管也不能反驳它们。这个义务建立在一个当然完全不依赖于后面这些预设的、独自就是无可置疑地确定的法则亦即道德法则之上，因而就此来说并不需要通过关于事物的内部性状、世界秩序或者一个主管世界秩序的统治者的隐秘目的的理论意见来获得其他方面的支持，以便约束我们最完善地作出无条件地合乎法则的行动。但是，这个法则的主观效果，即与它相适合并且通过它也是必然的那个促成实践上可能的至善的**意向**，毕竟至少预设这种至善是**可能的**，否则的话，竭力追求一个其实空洞和没有客体的概念的客体，就会是实践上不可能的。现在，上述公设仅仅涉及至善之**可能性**的那些物理学的或者形而上学的、一言以蔽之处于事物的本性之中的条件，

〔143〕

---

① 但即便在这里，倘若不是有一个或然的，但毕竟不可避免的理性概念，即一个绝对必然的存在者的概念摆在我们眼前的话，我们也就不可能借口**理性**有一种需要了。现在要使这个概念得到规定，而这一点，在对此加以扩展的冲动出现时，就是思辨理性的一种需要的客观根据，即对应当用做其他存在者的元始根据的一个必然存在者的概念进一步作出规定，因而使这个存在者成为可识别的。没有这样一些先行的必要问题，也就没有任何**需要**，至少是没有任何**纯粹理性**的需要；其余的就都是**偏好**的需要了。

但不是为了一个随意的思辨意图,而是为了纯粹的理性意志的一个实践上必然的目的,纯粹的理性意志在这里并不**选择**,而是**服从**一个严谨的理性命令,这个命令**客观上**在事物的性状中有其根据,只要事物必须由纯粹理性来进行普遍的判断,而且这个命令绝不是建立在**偏好**之上的,偏好为了我们出自纯然**主观的**根据而**期望**的东西,绝对没有权利马上就假定达到这种东西的手段是可能的,或者甚至假定这对象是现实的。因此,这是一个**在绝对必然的意图中的需要**,它并不是把自己的预设仅仅当做允许的假说,而且是当做实践意图中的公设来辩解;而且如果承认道德法则作为命令(而不是作为明智规则)严谨地约束着每一个人,正直的人就完全可以说:**我愿意**有一个上帝,我在这个世界中的存在也要在自然联结之外还是一个纯粹的知性世界中的存在,最后还有我的持存要是无限的,我坚持这些并且非要有这种信仰不可;因为这是惟一的东西,在其中由于我丝毫不可以忽视我的兴趣,我的兴趣就不可避免地规定着我的判断,而不去注意一些玄想,哪怕我对这些玄想可能会多么难以回答,或者多么难以做到以更加虚假的玄想去对抗它们。①

---

① 在1787年2月号的《德意志博物馆》上,有一篇论文出自一位非常敏锐和清醒的人物,即可惜早逝的**魏岑曼**,他在其中否认有从需要推论到该需要的对象的客观实在性的权限,并用一个**热恋者**的例子来阐明他的观点,这个热恋者由于迷恋于本来只是他的幻影的美的理念,就想推论这样一个客体是现实地在某个地方实存着的。在需要基于**偏好**的一切场合里,我承认他在这一点上是完全有道理的,偏好就连对受到其诱惑的人也不是必然能够公设其客体的实存的,更不用说包含对每一个人都有效的要求了,因而是种种期望的一个**主观的**根据。但在这里,需要是一种产生自意志的一个**客观的**规定根据的,亦即产生自道德法则的**理性需要**,道德法则必然地约束着每一个有理性的存在者,因而先天地有权利预设自然中与它相适合的条件,并使得这些条件与理性的完全的实践应用不可分割。义务就是尽我们最大的能力使至善成为现实;因此,至善毕竟也必须是可能的;所以,对于世界上的每一个有理性的存在者来说,预设对至善的客观可能性来说必要的东西,这也是不可避免的。这个预设与道德法则一样是必要的,它也惟有与道德法则相关才是有效的。

※　　　※　　　※

[144]　　为了在使用像一种纯粹的实践的理性信念这样一个还是如此不习惯的概念时防止误解，请允许我再附上一个说明。——事情应当看起来差不多是，好像这个理性信念在这里甚至被宣布为**命令**，即把至善假定为可能的。但是，一种被命令的信念是一件荒唐无稽的事情。不过，人们可以回忆一下上面对于被要求在至善的概念中假定的东西所作的辨析，人们将注意到，假定这种可能性，这是根本不可以被命令的，它也不要求有**承认**这种可能性的任何实践意向，相反，思辨理性无须申请就必须承认这种可能性；因为毕竟不可能有任何人愿意主张，世界上的有理性存在者与道德法则相适合的配享幸福，与对这种幸福的一种与上述配享成正比的占有相结合，本身是**不可能的**。现在，就至善的前一部分，即涉及道德的东西而言，道德法则仅仅给予我们一个命令，而怀疑那个组成部分的可能性，也就等于对道德法则本身提出质疑。但就那个客体的第二部分，亦即与那个资格完全适合的幸福而言，虽然一般来说承认幸福的可能性根本不需要一个命令，因为理论理性自身丝毫不反对这一点：只是我们应当**如何**设想自然法则与自由法则的这样一种

[145]　和谐的方式，本身却具有要由我们作出一种**选择**的某种东西，因为理论理性对此不能以无可置疑的确定性作出任何决定，而就这种确定性而言，可以有一种道德的兴趣来起决定性的作用。

　　我在上面曾经说过，按照世界上的一种纯然的自然进程，精确地与道德价值相适合的幸福是不可指望的，必须被视为不可能的，因此，至善的可能性从这方面惟有在预设一个道德的世界创造者的情况下才能被承认。我曾有意地克制着不把这个判断限制在我们理性的**主观**条件之上，以便惟有在应当对理性的视之为真的方式作出进一步的规定时才使用这种限制。实际上，上述不可能性**仅仅是主观的**，也就是说，我们的理性发现**它不可能**使自己根据一个纯然的自然进程来理解两种按照如此不同的法则而发生的世界事件之间如此精确地适合并完全合目的的联系，尽管就像在所有通常在自然中是合目的的东西那里

一样,理性毕竟也不能根据普遍的自然法则来证明,亦即出自客观的理由来充分阐明这种联系的不可能性。

不过,现在有一种不同类型的决定根据加入了游戏,要在思辨理性动摇不定时起决定性的作用。促成至善这个命令在客观上(在实践理性中)是有根据的,至善的一般可能性同样在客观上(在对此不加丝毫反对的理论理性中)是有根据的。然而,我们应当如何表现这种可能性的方式,是按照普遍的自然法则而无须一个主管自然的智慧创造者,还是仅仅在预设这个创造者的情况下来表现,这是理性不能客观地决定的。现在,这里出现了理性的一种**主观的**条件:惟一在理论上对理性可能的、同时对道德性(它是服从理性的一个**客观的**法则的)只有益处的方式,即把自然王国与道德王国的精确一致设想为至善的可能性的条件。现在,既然促成至善,因而预设它的可能性**在客观上**(但仅仅按照实践理性来说)是必要的,但同时我们要怎样把至善设想为可能的那种方式却是由我们选择的,但在这种选择中纯粹实践理性的一种自由的兴趣却决定要假定一个智慧的世界创造者,所以,在这里规定我们的判断的那个原则虽然作为需要是**主观的**,但同时作为**客观上**(实践上)必要的东西的促成手段,却也是在道德意图中视之为真的一条**准则**的根据,亦即是**一种纯粹的实践的理性信念**。因此,这种信念不是被命令的,而是作为对我们的判断的自愿的、有益于道德的(被命令的)意图的、此外还与理性的理论需要一致的规定,即预设那种实存,此外把那种实存作为理性应用的基础,其本身是产生自道德意向的;因此,即便在有良好意向的人那里,它也经常可能有时动摇不定,但却永远不会陷入无信念。

〔146〕

## 九、人的认识能力与人的实践 规定明智地相适合的比例

如果人的本性注定要追求至善,那么,他的各种认识能力的程度,尤其是这些认识能力彼此之间的比例关系,也必须被假定为是适合于这一目的的。但现在,对纯粹**思辨**理性的批判

# 第一部分　纯粹实践理性的要素论

证明理性有极大的不足，不能与这个目的相适合地解决提交给它的最重要的任务，尽管这个批判也没有低估这同一个理性的自然的和不可忽视的提示，同样也没有低估它为了接近这个给它标出的伟大目标而能够迈出的巨大步伐，但它毕竟不能单凭自己在某个时候达到这个目标，甚至借助于最大的自然知识也不行。因此，自然在这里显得只是**继母般地**为我们提供了达到我们的目的所必需的能力。

[147]　现在，假如自然在这里顺从了我们的愿望，赋予了我们这样一种我们乐意具有，或者一些人干脆误以为自己已经现实地具有的洞识能力或者光照，那么，从一切迹象来看这会有什么样的后果呢？只要我们的全部本性没有同时得到改变，那么，毕竟总是第一个发言的**偏好**就会首先要求自己的满足，而且与理性的考虑相结合，就会以**幸福**的名义要求自己最大可能的和持久的满足；道德法则在此之后会说话，为的是把那些偏好保持在与它们相称的限制之中，甚至使它们全都服从一个更高的、不考虑任何偏好的目的。但是，不是现在道德意向必须与偏好进行的那场几经失败之后毕竟可以在其中赢得灵魂的道德力量的争斗，而会是**上帝**和**永恒**以其**可怕的威严**持续不断地处于我们**眼前**（因为我们完全能够证明的东西，就确定性而言对我们来说是等于我们因亲眼目睹而确信的东西的）。对法则的违反当然会被避免，被命令的东西会被执行；但由于行动应当从中发生的那种**意向**不可能通过任何命令一起灌输进来，对活动的刺激在这里却是立刻就在手边的，并且是**外部的**，因此，理性不可以首先努力向上，以便通过法则之尊严的活生生的表象来聚集抵抗偏好的力量，那样的话，绝大多数合乎法则的行动的发生就会是出自恐惧，只有少数会出自希望，而根本没有一个会出自义务了，但这些行动的道德价值也就会荡然无存了，而人格的价值，甚至世界的价值在最高智慧的眼中却毕竟仅仅取决于这种道德价值。因此，只要人们的本性还保持像它现在这样，那么，人们的行为就将会变成一种纯然的机械作用，其中就像是在木偶戏中一样一切都**姿势**对路，但在人物形象中却不会看到**任何生命**。现在，既然在我们这里完全是另一

137

种情况，既然我们凭借我们的理性的一切努力对未来也只有一种极为模糊不清的眺望，世界的统治者只让我们猜测而不是看到或者清晰地证明他的存在及其壮丽，与此相反，我们心中的道德法则并不向我们肯定地有所应许或者有所威胁，而是要求我们无私的敬重，但除此之外，当这种敬重成为主动的和占统治地位的时，它在这种情况下并仅仅由此才允许眺望超感性事物的王国，但也只是以微弱的目光眺望；所以，真正的道德的、直接被奉献给法则的意向是能够发生的，有理性的造物是能够配得上与他的人格的道德价值相适合、而不是仅仅与他的行动相适合的至善份额的。因此，即便在这里，对自然和人的研究通常充分地教给我们的东西，即我们借以实存的那个不可探究的智慧，在它拒绝给予我们的东西中比在它让我们分享的东西中并不更少值得崇敬，也可以由此而是很正确的。〔148〕

# 第二部分
## 纯粹实践理性的方法论

## 第二部分 纯粹实践理性的方法论

〔151〕 人们不能把纯粹**实践**理性的**方法论**理解为（无论是在反思中还是在陈述中）就其科学知识而言对待纯粹实践原理的方式，这种知识人们通常本来只在**理论的东西**中才称为方法（因为通俗的知识需要一种**风格**，但科学却需要一种**方法**，也就是说，需要一种**按照**理性的原则的程序，一种知识的杂多惟有借助这种程序才能成为一个**体系**）。毋宁说，这种方法论被理解为人们如何能够使纯粹实践理性的法则**进入**人的心灵并**影响**其准则，亦即使客观的实践理性也**在主观上**成为实践的那种方式。

现在虽然很清楚，意志的那些惟一使准则真正成为道德的并赋予它们以一种道德价值的规定根据，法则的直接表象和作为义务的对法则的客观必然的遵守，都必须被表现为行动的真正动机，因为若不然，虽然会造就出行动的**合法性**，但却造就不出意向的**道德性**。但不是那么清楚的、毋宁说初看起来必定对每个人来说都显得难以置信的是，对纯粹德性的那种描述即便在主观上，也能够比由娱乐和一般而言人们可以归为幸福的

〔152〕 一切东西的哄骗所可能造成的一切诱惑，或者还有由痛苦和灾祸某个时候所可能造成的一切威胁，都对人的心灵拥有**更多的力量**，并能够提供一种强有力得多的动机去自己造就行动的那种合法性，产生出一些更有力的、出自对法则的敬重把法则置于任何别的考虑之前的决断。尽管如此，事情确实就是这样，而且假如人的本性不是这种性状，那么，也就不会有法则的任何表现方式在某个时候转弯抹角地以劝说的手段来产生意向的道德性了。一切都会是全然的伪善；法则会遭到憎恨乃至于轻视，但为了自己的好处仍然得到遵守。法则的字句（合法性）将会能够在我们的行动中找到，但法则的精神却在我们的意向中根本找不到，而既然我们用尽了自己的一切努力也毕竟在我们的判断中不能完全摆脱理性，所以我们会不可避免地必定在我们自己的眼中显得是毫无价值的、卑鄙的人，即使我们试图以如下方式来补偿在内心的法庭面前受到的屈辱，即我们借助娱乐来使自己轻松愉快，按照我们的妄念，有一个我们所假定的自然的或者属神的法则把这些娱乐与它们的警察机器结合在

一起，这警察仅仅关注人们所做之事，对于人们为什么做这件事却不关心。

虽然人们不能否认，为了把一个或者尚无教养或者粗野化了的心灵首次带到道德上的善的轨道上来，需要一些准备性的指导，通过他自己的好处来引诱这心灵，或者通过害处来恐吓它；然而，一旦这种机制、这个襻带起到了一些作用，纯粹的道德动因就绝对必须被带给灵魂，这动因不仅由于它是惟一建立起一种性格（按照不变的准则的实践上一以贯之的思维方式）的动因，而且也由于它教人感到他自己的尊严，而给心灵提供了一种对它自己来说出乎意料的力量，从一切想要占据统治地位的感性依赖性中挣脱出来，并在他的理知本性的独立性和他发现自己被规定要达到的崇高思想中为他所奉献的牺牲找到丰厚的补偿。因此，我们要通过任何一个人都能够进行的观察，把我们心灵的这种属性，把对一个纯粹的道德兴趣的这种感受性，因而把纯粹的德性表象的这种推动力，在它被恰如其分地带给人心的时候证明为最强有力的向善动机，在对道德准则的遵守中关键在于持久性和严格性的时候证明为惟一的向善动机；此际必须同时记住，如果这些观察只是证明了这样一种情感的现实性，却没有证明由此而完成的道德改善，那么，这并不会对仅仅通过义务的纯粹表象就使纯粹理性的客观上实践的法则成为主观上实践的那个惟一的方法造成任何损害，就好像这方法是一种空洞的幻想似的。因为既然这种方法还不曾被实行过，所以，就连经验也还不能关于它的成果展示出任何东西，相反，人们只能要求有对这样一些动机的感受性的证据，我现在想简明扼要地展示这些证据，然后再稍微勾画一下建立和培养真正的道德意向的方法。〔153〕

如果注意一下不仅由学者和玄想家而且也由商人和家庭妇女组成的那些混杂的社交聚会的交谈进程，那么，人们就会发现，除了讲故事和戏谑之外，还有闲聊亦即闲谈在其中也占有一席之地；因为讲故事如果应当本身带有新奇同时有趣味的话，很快就会耗尽，而戏谑则很容易走味。在所有的闲谈中，没有什么比关于应当用来确定某个人的性格的这个或者那个行动的**道德价值**的闲谈，更多地激起那些通常在所有的玄想中很快会感到无聊的人们的参与，并把某种生气带入社交聚会了。那些通常对理论问题中的一切玄妙的和苦思冥想的东西都感到枯燥和伤脑筋的人，当事情取决于确定一个被讲述的好行动或者坏行动的道德内涵时，马上就会参加进来，并且像人们在任何思辨客体那里都不可能期待于他们的那样精细、那样苦思冥想、那样玄妙地，把一切能够使意图的纯洁性和意图中的德性的程度减低，或者哪怕只是使其变得可疑的东西都想出来。人们在这些评判中经常看到对别人作判断的人士自己的性格闪现出来，他们中的一些人在他们主要对已死之人行使法官职务时，显得特别倾向于为关于这些人的这个或者那个行为所讲述出来的善作辩护，以反驳一切不正派的伤害性非议，最终为人格的全部道德价值辩护，以反驳虚伪和阴毒的指责，与此相反，另一些人更多盘算的是控告和谴责，不承认这种价值。但人们毕竟不能总是赋予后一种人以如下意图，即想通过玄想从人类的一切榜样中完全去除德性，以便由此使德性成为一个空洞的名称，相反，这常常只不过是在按照一个毫不容情的法则来规定真正的道德内涵时的善意严格罢了，与这个法则作比较，而不是与榜样做比较，道德事务上的自大就大为降低，而谦恭绝不纯然是教出来的，而是在严厉的自我拷问中被每个人所感到的。尽管如此，人们还是常常能够从为被给予的榜样的意图的纯洁性做辩护的人那里看出，在他们对正直有自己的猜想时，他们也乐意为这些榜样擦去最微小的污点，其动因乃是为了当一切榜样都被怀疑其真实性、一切人类德性都被否认其纯洁性时，德性不会最终被完全视为一种纯然的幻影，从而趋向德性的一切努力都被当做虚荣的做作和骗人的自大而遭到蔑视。

我不知道，为什么青年的教育者们没有早就已经利用理性很乐意在被提出来的实践问题本身中作出审查这种倾向，而且在他们把一种纯然道德的教义问答作为基础之后，却不怀着这种意图搜遍古代和近代的人物传记，以便手中握有所提出的那些义务的凭据，根据这些凭据，他们尤其是通过对不同情况下的类似行动进行比较，而使他们的学生的评判运作起来，以便觉察这些行动的较小或者较大的道德内涵，他们将在这里发现，甚至本来对任何思辨都还不成熟的少年，马上就变得很敏锐，并由于感到自己的判断力的进步而对此产生不小的兴趣，但最重要的是，他们能够有把握地希望，经常练习在其全部纯洁性中去认识和赞许正派的行为，与此相反则惋惜或者轻蔑地去觉察对这种纯洁性的哪怕最小的偏离，即便这直到此时还仅仅是作为小孩子们能够在其中相互比赛的判断力游戏来进行的，但却会留下在一方面作出高度评价并在另一方面表示憎恶的一种持久的印象，它们仅仅通过把这些行动经常地看做值得赞许的或者值得谴责的这种习惯，就会为未来的生活方式中的正直构成一个良好的基础。只不过，我希望别用我们那些多愁善感的作品如此滥用的所谓**高尚的**（过誉的）行动的榜样来打扰这种练习，并把一切都转移到义务和一个人在他自己眼中通过没有违背义务的意识而能够和必须给予自己的价值上，因为凡是导致对高不可攀的完善性的空洞期望和渴求的东西，所产生的全然是小说中的人物，这些人物由于自己对这种夸张的伟大而自鸣得意，为此就宣布自己可以不遵守平常的和通行的职责，这种职责在这种情况下对他们来说显得微不足道地渺小。①

〔155〕

但如果有人问，真正说来究竟什么是人们必须当做试金石来检验任何行动的道德内涵的**纯粹道德**，那么，我就必须承认，惟有哲学家才能够使这个问题的裁断成为可疑的；因为在平常的人类理性中，这个问题虽然不是通过抽象的普遍公式，

---

① 赞扬那些从中辐射出伟大的、无私的、关切的意向和人性的行动，这是完全可取的。但是，人们在这里必须注意的，与其说是**灵魂的提升**，倒不如说是对**义务**的**由衷的服从**，前者是转瞬即逝的和暂时的，对后者却可以期待有一个更长久的印象，因为它带有原理（但前者却仅仅带有激动）。人们只要稍作一点反思，就总是会发现他以某种方式就人类而言所承担的一种债务（哪怕只是这样一种债务，即有人通过公民状态中人们的不平等而享受好处，为此缘故别的人就必然更加匮乏），以免通过**值得赞扬**这种虚荣的自负来排挤**义务**的思想。

但却通过日常的应用而仿佛是左手和右手之间的区别那样早已得到裁断了。因此，我们要首先用一个例子来指出纯粹德性的检验标志，并且通过我们设想它例如被交给一个十岁的小男孩去评判，来看一看他是否无须由老师来指导，自己也必定这样来判断。且讲一个正派人的故事，有人想鼓动他加入一个无辜的、此外没有任何权能的人（例如被英国的亨利八世控告的安妮·博林）的诽谤者的行列。人们提供出好处，亦即重礼或者高位，他都予以拒绝。这在听众的心中将引起的全然是赞许和认同，因为那是好处。现在人们开始以损失相威胁。在这些诽谤者中有他的一些最好的朋友，他们现在声称与他绝交，有他的一些近亲，他们威胁要剥夺他的继承权（他没有财产），有一些权贵，他们能够在任何地点和任何情况下迫害他和羞辱他，有一位君王，他威胁他将失去自己的自由乃至生命。但是，为了让他也感受到惟有道德上善良的心才能相当真切地感受到的那种痛苦，以便苦难忍无可忍，人们可以设想他的受到极度的困苦和匮乏威胁的家庭**恳求**他顺从，他自己虽然正直，但毕竟对于同情和对于自己的困苦并不具有坚定的、无动于衷的感官，在他期望自己永远不过那种使他遭受一种如此难以言说的痛苦的日子的时刻，他却依然忠于自己的正直的决心，毫不动摇或者哪怕是怀疑：于是，我这位年轻的听众就将逐步地被从纯然的认同提升到惊赞，从惊赞提升到惊奇，最后一直提升到极大的崇敬，提升到自己能够成为这样一个人（尽管当然不是在他那种情况下）的强烈愿望；而在这里，德性之所以仍然具有如此之多的价值，只是因为它付出了如此之多，而不是因为它带来了某种东西。整个惊赞，甚至要与这种性格相似的努力，在这里都完全基于道德原理的纯粹性，这种纯粹性惟有通过把人们只要能够归给幸福的一切都从行动的动机中除去，才能够被相当引人注目地表现出来。因此，道德越是被纯粹地展现出来，就越是必定对于人心有更多的力量。由此得出，如果道德法则和圣洁与德性的形象到处都应当对我们的灵魂施加一些影响的话，那么，道德能够施加这种影响，只是就它不混杂对自己的福祉的意图，纯粹地作为动机得到细心照料而言的，因为它在苦难中才最庄严地表现出来。但是，其被清除将加强一种推动力的作用的东西，必定曾是一个障碍。所以，从自己的幸福取得的动机的任何混杂，都对道德法则获得对人心的影响是一个障碍。——此外我主张，甚至在那种受到惊赞的行动中，如果该行动由以发生的动因是对自己的义务的尊重，那么，正是这种对法则的敬重，而绝不是对慷慨大度和高尚可嘉的思维方式的那种内心意见的要求，恰恰会对观众的心灵拥有极大的力量，所以是义务，而不是功德，才必定对心灵有不仅最确定的影响，而且如果它在自己的不可侵犯性的正当光辉中被表现出来，也必定对心灵有最具渗透力的影响。〔157〕

在我们的时代，比起通过义务那与人类的不完善和在善中的进步相适应的枯燥严肃的表象来，人们更希望借助于温存的、心肠软的情感或者雄心勃勃的、头脑膨胀的、与其说使人心强健倒不如说使人心萎缩的僭妄，来对心灵产生更多的效果，在这样的时代对这种方法予以提示，就比任何时候都更为必要了。为儿童们树立一些行动，作为高尚的、慷慨的和可嘉的行动使之成为典范，以为通过灌输某种热忱就可以引起他们对这些行动的好感，这完全是违背目的的。因为既然他们在遵守最平常的义务上，甚至在正确地评判这些义务上还如此远远滞后，那么，这就等于要使他们及时地成为幻想家。但即便是在更有学问、更有经验的那部分人那里，这种臆想的动机对人心如果不是具有有害的作用的话，至少也不具有任何真正的道德作用，而人们本来却是想借此达成这种作用的。

一切**情感**，尤其是应当造成如此非同寻常的努力的情感，都必须在它们正猛烈的时刻而且在衰退之前发挥它们的作用，若不然，它们就做不出任何事情；因为人心将自然而然地退回到它的自然的、适度的生命运动，然后沉入到它此前特有的疲惫中去，因为被带给它的虽然是某种刺激它的东西，但却绝不是使它精力充沛的东西。**原理**必须被建立在概念上，在一切别的基础上都只能形成一些心血来潮，它们不能使人格获得任何道德价值，甚至也不能获得对自己本身的信心，而没有这种信心，对自己的道德意向和这样一种性格的意识，即人里面的至善,就根本不可能发生。现在,这些概念如果应当成为主观上实践的,就必须不再停留在道德的客观法则那里,以便惊赞并在与人性的关系中尊重这些法则,而是必须在与人和与人的个体的关系中来考察它们的表象;因为那个法则显现在一个虽然极其值得敬重,但却不那么讨人喜欢的形象中,并不是好像属于他自然而然地习惯了的要素似的,反而是像要迫使他经常不是没有自我克制地放弃这一要素,而投身于一个更高的要素,在其中他惟有怀着对退步的不断忧虑才能费力地维持下去。一言以蔽之,道德法则要求出自义务;而不是出自偏爱来遵守,人们根本不能也不应当把偏爱当做前提条件。

[158]

现在,让我们在一个例子中看一看,在把一个行动表现为高尚的和慷慨的行动时,比起这个行动在与严肃的道德法则的关系中仅仅被表现为义务时,是否有一种动机的更多主观上的推动力。某人冒着极大的生命危险力图从沉船中救人,如果他最终在做这件事时丧失了自己的生命,那么,这行动虽然一方面被算做义务,但另一方面,而且绝大多数情况下也被算做可嘉的行动,然而,我们对这个行动的尊重就由于在这里显得受到某种损害的对自己的义务的概念而受到很大削弱。更具决定性的是为保卫祖国而慷慨捐躯,然而,自行地、不等命令就献身于这种意图,这是否也是如此完善的义务,对此却留有一些疑虑,而且该行动自身并不具有一个典范和推动人去仿效的全部力量。但如果这是不可免除的义务,对它的违反就自身而言并且不考虑人类的福祉就损害了道德法则,仿佛是践踏了道德法则的神圣性(这类义务人们通常称为对上帝的义务,因为我们在上帝里面所想的是实体中的神圣性的理想),那么,对于牺牲一切只会永远对我们的所有偏好中最深切的偏好具有价值的东西来遵守道德法则,我们就献上最完善不过的敬重,而且如果我们凭借这样一个例子能够确信,人的本性有能力超越自然只会永远在相反的动机上具有的一切而达到一个如此大的高度,那么,我们就发现自己的灵魂通过这样一个例子得到了加强和提升。**尤维纳利斯**在一种使读者鲜明地感受到在义务之为义务的纯粹法则中所蕴涵的动机之力量的强调中,表现了这样

147

一个例子：

> Esto bonus miles, tutor bonus, arbiter idem
> Integer; ambiguae si quando citabere testis
> Incertaeque rei, Phalaris licet imperet, ut sis
> Falsus, et admoto dicet periuria tauro,
> Summum crede nefas animam praeferre pudori
> Et propter vitam vivendi perdere causas.

[159]

[要做一个好士兵，做一个好监护人，做仲裁者同样要
不偏不倚；一旦你被召来做证人
以决疑案，即使法拉里斯命令你
说假话，并拖来铜牛向你口授伪证，
你也深信罪孽就是舍荣誉而求生，
以及为活命而败坏生存的理由。]①

如果我们可以把任何一种讨人喜欢的东西从可嘉的东西中带入我们的行动，那么，动机就已经与自重有所混淆了，因而就从感性方面获得了一些赞助。但惟有把一切都置于义务的神圣性的后面，并意识到人们**能够**这样做，乃是因为我们自己的理性承认这是它的命令，并且宣布人们**应当**这样做，这才叫做仿佛把自己完全提升到感官世界之上，而且在对法则的这同一种意识中也作为一种**控制感性的**能力的动机而与效果不可分割地相结合，尽管并不总是相结合，但通过经常关注这动机并对其应用作最初较小的尝试，效果毕竟也给自己的造就提供希望，以便在我们心中逐渐地产生对这动机的最大的，但却是纯粹的道德兴趣。

---

① 《讽刺诗集》，Ⅲ，8，79~84；康德在《纯然理性界限内的宗教》(《康德全集》，第Ⅵ卷，49页。[参见李秋零主编：《康德著作全集》，第6卷，50页，北京，中国人民大学出版社，2007。——译者注]）和《道德形而上学》(《康德全集》，第Ⅵ卷，334页。[参见《康德著作全集》，第6卷，345页。——译者注]) 中也曾同样引用。——科学院版编者注

因此，这种方法采取如下的进程。**首先**，事情所涉及的仅仅是，使按照道德法则作出评判成为一件自然的，既伴随着我们自己的自由行动也伴随着对他人的自由行动的观察的工作，并使之仿佛成为习惯，并通过人们首先追问行动是否客观上符合**道德法则**以及符合哪种道德法则，来磨砺这种评判；此际，人们把对仅仅给约束力提供一个**根据**的法则的注意与事实上本身就**有约束力**的法则（leges obligandi a legibus obligantibus［作出约束的法则与被约束的法则］）区别开来（例如，人们的**需要**所要求我的那种东西的法则，与人们的**权利**所要求我的那种东西的法则相对立，其中后者指定的是本质性的义务，前者指定的则是非本质性的义务），并教人把汇集在一个行动中的不同义务区别开来。注意力应当指向的另一点，是如下问题：行动是否也是（在主观上）**为了道德法则**而发生的，因而它不仅仅拥有作为行为的道德正确性，而且也拥有作为意向、按照准则的道德价值。现在毫无疑问，这种练习和由此产生的培养我们仅仅对实践事务作出判断的理性的意识，必定会逐渐地产生甚至对理性的法则，因而对道德上善的行动的某种兴趣。因为我们最终将慢慢喜欢上这样一种东西，对它的考察使我们感到我们认识能力的扩展了的应用，而尤其促成这种应用的是我们在其中发现道德正确性的东西；因为理性惟有在事物的这样一种秩序中，才能很好地适应自己先天地按照原则来规定什么事情应当发生的那种能力。然而，一个自然观察者最终会慢慢喜欢上起初令他的感官反感的对象，如果他在这些对象上揭示出它们的组织的重大合目的性，并如此使他的理性在观察这些对象方面得到享受的话，而莱布尼茨则爱惜地把他用显微镜仔细观察过的一只昆虫重新放回它的叶子上，因为他认为自己通过观看获得了教益，仿佛是从它身上享受了一件善行。

但是，判断力的这种让我们感觉到我们自己的认识能力的工作，还不是对行动及其道德性本身的兴趣。这种工作只是使得人们乐意以这样一种评判来消遣，并给予德性和按照道德法则的思维方式以一种美的形式，这种形式令人惊赞，但还并不因此而被人寻求（laudatur et alget［他受到赞扬却感到发冷]①);就像所有那些东西一样,我们对它们的观察在主观上造就了对我们的各种表象能力的和谐的意识,而且在它们那里我们感觉到我们的全部认识能力(知性和想象力)都得到了加强,它们就产生出一种也能传达给别人的愉悦,此时客体的实存仍对我们来说是无所谓的,因为它只被视为觉察到我们心中那些才能的超出动物性之上的禀赋的诱因。但现在,**第二种**练习开始了自己的工作,亦即在借助例子生动地展示道德意向时使人注意到意志的纯洁性,首先只是作为意志的消极的完善性,是就一个出自义务的行动中根本没有任何偏好的动机作为规定根据对意志发生影响而言的;但这毕竟使初学者对自己的**自由**的意识保持注意,并且虽然这种放弃激起了最初的痛苦感觉,但却由于它使那个初学者摆脱了甚至真实的需要的强制,同时也就向他通报了对所有这些需要把他纠缠在其中的各种各样不满意的一种解放,并使心灵对于来自其他源泉的满意感也易于接受。如果在相关例子已被摆出来的那些纯粹道德决定上,给人揭示出一种内部的,甚至通常根本不为他正确知道的能力,即**内在的自由**,也就是如此挣脱偏好的剧烈纠缠,以至于根本没有任何偏好,哪怕是最喜爱的偏好对我们现在应当利用我们的理性作出的决定产生影响,那么,人心就毕竟从任何时候都暗中压在它上面的重负中得到解放和减轻了。如果**只有我一个人**知道错误在我这一方,而且,尽管坦率地承认错误、提议作出赔礼道歉因虚荣心、自私、甚至对被我侵权的人通常并非不公正的反感而遇到如此巨大的反对,我还仍然能够把所有这些疑虑置之度外,那么在这一种情况中,就毕竟包含着对偏好、对机遇的一种独立性和对自我满足的可能性的意识,即便是在别的意图中,这种可能性对我来说也是处处有益的。而现在,义务的法则通过对它的遵守使我们感到的那种积极的价值,通过在对我们的自由的意识中**对我们自己的敬重**而找到了

〔161〕

---

① probitas laudatur et alget〔诚实受到赞扬却感到发冷〕,尤维纳利斯:《讽刺诗集》,第 I 卷,1,74。——科学院版编者注

更方便的门路。如果这种敬重完全被建立起来了,如果没有任何东西比在内部的反省中在人自己的眼中觉得自己是可鄙的和下流的更强烈地使人感到害怕,那么,任何善良的道德意向都能够被嫁接在这种敬重上;因为这是防止心灵受不高尚的和堕落的冲动入侵的最好的,甚至是惟一的守卫者。

我借此只是想指出一种道德教养和练习的方法论的最普遍准则。既然义务的多样性为其每一个种类还要求特殊的规定,且这样就会构成一项广泛的工作,所以如果我在像这样一部只是预备性练习的作品中仅限于讨论这些基本特征,人们将认为我是有情可原的。

## 结束语

有两样东西,越是经常而持久地对它们进行反复思考,它们就越是使心灵充满常新而日益增长的惊赞和敬畏:**我头上的星空和我心中的道德法则**。我不可以把这二者当做遮蔽在黑暗中的或者在越界的东西中的,而在我的视野之外去寻求和纯然猜测它们;我看到它们在我眼前,并把它们直接与对我的实存的意识联结起来。前者从我在外部感官世界中所占有的位置开始,并把我处于其中的联结扩展到具有世界之上的世界、星系组成的星系的无垠范围,此外还扩展到它们的周期性运动及其开始和延续的无限时间。后者从我不可见的自我、我的人格性开始,把我展现在这样一个世界中,这个世界具有真正的无限性,但惟有对于知性来说才是可以察觉的,而且我认识到我与这个世界(但由此也就同时与所有那些可见世界)不是像在前者那里一样处于只是偶然的联结中,而是处于普遍的和必然的联结中。前面那个无数世界之集合的景象仿佛根除了我作为一个**动物性的造物**的重要性,这种造物在它短时间内(人们不知道是怎样)被配备了生命力之后,又不得不把它曾由以生成的物质归还给行星(宇宙中的一个纯然的点)。与此相反,后面这种景象则通过我的人格性无限地提升了我作为一个**理智**的价值,在这种人格性中,道德法则向我启示了一种不依赖于动物性,甚至不依赖于整个感官世界的生活,至少是从凭借这个法则对我的存在的合目的的规定中可以得出的,这种规定并不局限于此生的条件和界限,而是无限延续的。

然而,惊赞和敬重虽然能够诱人去探索,但却不能弥补探索的缺陷。现在,为了以有用的和与对象的崇高相适合的方式来着手进行这种探索,应该做些什么呢?在这里,例子可以用做警告,但也可以用做效仿。对世界的考察曾经从人类的感官只能永远呈现、我们的知性则只能永远忍受在感官的广袤范围里去追踪的那种最壮丽的景象开始,而终止于——占星学。道德曾经是从人类本性中其发展和培养可望有无限好处的那种最高尚的属性开始,而终止于——狂热或者迷信。一切尚属粗糙的尝试情况都是这样,在这些尝试中,工作的最主要的部分都取决于理性的应用,这种应用并不像双脚的应用那样凭借经常的练习就将自行产生,尤其是当它涉及不能如此直接地在平常经验中展现的那些属性的时候。但是,无论多么迟,在对理性打算采取的一切步骤都事先周密思考,并只让这些步骤在一种事先深思熟虑的方法的轨道上运行这一准则流行开来之后,对世界大厦的评判就获得了一个完全不同的方向,同时与这个方向一起获得了一个无比幸运的出发点。一块石头的降落、一个投石器的运动,在它们被分解成它们的各个要素和在此表现出来的力并经过数学处理之后,最终就产生出对世界结构的那种清晰的、对一切未来都不可改变的洞识,这个洞识在进一步的考察中可以希望永远只是扩展自身,但绝对不用担心不得不倒退回去。〔163〕

上述例子能够建议我们在对待我们的本性的道德禀赋时同样选择这条道路,并给予我们达到类似的良好成果的希望。我们手头毕竟有在道德上作出判断的理性的一些例子。现在把这些例子分解成它们的要素概念,在缺乏**数学**时采用一种类似于**化学**的**离析**程序,即在对平常人类知性反复进行的实验中把可能存在于这些概念中的经验性的东西和理性的东西离析开来,这就能够使我们**纯粹地**辨识二者,并确定无疑地辨识每一个单独就能够提供的东西,这样就能够一方面预防一种尚属**粗糙**

**的**、未经练习的评判的失误，另一方面（这更为必要得多）预防天才亢奋，由于这种**天才亢奋**，就像哲人之石的炼金术士们习惯于做的那样，不用任何方法上的研究和对自然的知识，就被许诺了梦想中的宝藏，但真正的宝藏却被挥霍掉了。一言以蔽之：科学（经过批判的寻求和方法上的引导）是导向**智慧学**的窄门，如果这种智慧学不仅被理解为人们应当**做**的事情，而且被理解为应当用做**教师们**的准绳的东西，以便妥善而明确地开辟那条每个人都应当走的通向智慧的道路，并保护别人不走歧路的话；这门科学，哲学在任何时候都必须依然是它的保管者，公众对它的玄妙的研究不感兴趣，但却对按照这样一种研究才能使他们真正恍然大悟的**学说**大感兴趣。

# 中德人名对照表

| | | | |
|---|---|---|---|
| 阿那克萨哥拉 | Anaxagoras | 蒙台涅 | Montaigne |
| 安妮·博林 | Anna von Bolen | 穆罕默德 | Mahomet |
| 柏拉图 | Plato | 普里斯特利 | Priestley |
| 法拉里斯 | Phalaris | 切泽尔登 | Cheselden |
| 封德耐尔 | Fontenelle | 斯宾诺莎 | Spinoza |
| 伏尔泰 | Voltaire | 魏岑曼 | Wizenmann |
| 弗兰西斯一世 | Franz I | 沃尔夫 | Wolff |
| 哈奇森 | Hutcheson | 沃康松 | Vaucanson |
| 亨利八世 | Heinrich VIII | 休谟 | Hume |
| 克鲁修斯 | Crusius | 亚里士多德 | Aristoteles |
| 莱布尼茨 | Leibniz | 伊壁鸠鲁 | Epikur |
| 曼德维尔 | Mandeville | 尤维纳利斯 | Juvenal |

# 后记

本书译自《康德全集》（Kants gesammelte Schriften, herausgegeben von der Königlichen PreuBischen Akademie der Wissenschaften，统称"科学院版"）第5卷，原载《康德著作全集》，第5卷（李秋零主编，北京，中国人民大学出版社，2007）。

本次作为单行本出版，除订正了一些错译之处，增补了个别漏译之外，主要是增加了"科学院版"的编者导言。这篇导言在大量原始材料的基础上，对康德的《实践理性批判》的诞生史进行了详细考察，不仅对于我们理解康德的《实践理性批判》，而且对于我们理解整个康德哲学体系，理解康德思想的发展演变，都有莫大的帮助。此外，译者还从"科学院版"中挑选了一些对于我们中国读者来说有助益、有意义的注释译出。

《实践理性批判》是康德哲学著作中汉语译本最多的一部，由此可见中国学界对它的重视程度。译者在翻译过程中参考了以往的译本，吸取了它们的成功之处，也弥补了它们的一些疏漏之处，尝试了一些新的译法，但愿能够为学界和读书界所接受。

李秋零

二〇一一年五月六日

于中国人民大学佛教与宗教学理论研究所

图书在版编目（CIP）数据

实践理性批判（注释本）/［德］康德（Kant，I.）著：李秋零译注. —北京：中国人民大学出版社，2010
ISBN 978-7-300-11744-7

Ⅰ.①实… Ⅱ.①康…②李… Ⅲ.①德国古典哲学②无神论 Ⅳ.①B516.31 ②B91

中国版本图书馆 CIP 数据核字（2010）第 032278 号

### 实践理性批判（注释本）
［德］康德 著
李秋零 译注
Shijian Lixing Pipan

| 出版发行 | 中国人民大学出版社 | | |
|---|---|---|---|
| 社　　址 | 北京中关村大街 31 号 | 邮政编码 | 100080 |
| 电　　话 | 010-62511242（总编室） | 010-62511770（质管部） | |
| | 010-82501766（邮购部） | 010-62514148（门市部） | |
| | 010-62515195（发行公司） | 010-62515275（盗版举报） | |
| 网　　址 | http://www.crup.com.cn | | |
| 经　　销 | 新华书店 | | |
| 印　　刷 | 涿州市星河印刷有限公司 | | |
| 规　　格 | 155 mm×235 mm　16 开本 | 版　次 | 2011 年 7 月第 1 版 |
| 印　　张 | 11.25 插页 2 | 印　次 | 2024 年 8 月第 7 次印刷 |
| 字　　数 | 147 000 | 定　价 | 38.00 元 |

版权所有　侵权必究　印装差错　负责调换